...MMES

...DU 22...

...ANCE...

...FAIT PAR...

...Commission chargée de l'ex...

...ue des auteurs, les décisions...
...nérales de l'administration et l'analyse...
...jugements et arrêts rendus sur la mati...

PAR C. SABATIÉ,

...Membre de la...
...et de la...

PARIS

...LIBRAIRIE...
...MARCHAL...

COMMENTAIRE

DE LA LOI DU 22 JANVIER 1851

SUR

L'ASSISTANCE JUDICIAIRE

Paris. — Imprimerie de Cosse et J. Dumaine, rue Christine, 2

COMMENTAIRE

DE LA LOI DU 22 JANVIER 1851

SUR

L'ASSISTANCE JUDICIAIRE

PRÉCÉDÉ DU

RAPPORT FAIT PAR M. DE VATIMESNIL,

Au nom de la Commission chargée de l'examen du projet de loi;

CONTENANT

La doctrine des auteurs, les décisions ministérielles,
les instructions générales de l'administration et l'analyse complète et détaillée
des jugements et arrêts rendus sur la matière.

Par E. SABATIÉ,

Ancien Membre de Tribunal d'assistance judiciaire,
Ancien Receveur de l'enregistrement et des domaines.

PARIS,

IMPRIMERIE ET LIBRAIRIE GÉNÉRALE DE JURISPRUDENCE

COSSE ET MARCHAL, IMPRIMEURS-ÉDITEURS,

LIBRAIRES DE LA COUR DE CASSATION,

Place Dauphine, 27.

1864

PRÉFACE.

Nous publions une loi qui est appelée à devenir universelle. Un jour viendra qu'elle sera consultée par un chacun, le riche comme le pauvre ; l'un pour faire valoir et tirer le meilleur parti possible de ses prétentions, l'autre pour les repousser. Nous accompagnons cette loi d'un commentaire, parce que, sans être absolument obscure, la parfaite intelligence de ses dispositions échapperait à la plupart de ceux qui voudraient l'interroger.

Les discussions gouvernementales dont cette loi a été l'objet, le rapport si lumineux fait par M. de Vatimesnil au nom de la commission, les décisions interprétatives à la fois si larges et si remarquables données par l'administration, enfin les solutions fournies par les Cours et les tribunaux, ont singulièrement facilité notre travail.

Ajouterai-je qu'appelé pendant plusieurs années, d'une part à diriger la loi, et de l'autre à en assurer l'exécution, j'ai dû en faire personnellement une étude spéciale, double circonstance qui me permet d'émettre, non sans quelque autorité, le résultat des impressions que cet examen a fait naître en mon esprit, d'en apprécier les avantages et de n'en point cacher les inconvénients. Car, il faut bien l'avouer, il en est de l'assistance judiciaire comme des autres institutions

humaines : admirables de face, elles ont le revers de
la médaille.

Le pauvre, auquel la charité et la bienfaisance, si
prévoyantes et si attentives, ouvrent un asile, une re-
traite, une table à prix réduit, des écoles, et jusqu'à des
jardins princiers, des palais, des théâtres, voyait, de
nos jours, se fermer impitoyablement pour lui les portes
du Palais faute de crédit et d'argent. A la merci du riche qui le dépouillait avec impunité, il était réduit à
végéter le reste de ses jours. Le malheureux n'avait pu
trouver un avocat pour défendre sa cause, ou des juges
pour le réintégrer dans un patrimoine envahi, un héri-
tage usurpé.

On a comparé en les maudissant les révolutions aux
tempêtes, ne soyons pas pessimistes ; avant tout soyons
justes. Bénissons l'orage dont le vent assainit l'at-
mosphère et ramène les beaux jours, les jours calmes
et heureux. Le prince qui déjà avait tant fait pour le
peuple, croyait n'avoir rien fait tant qu'il restait du
bien à faire, des plaies à guérir, d'infortune oubliée ou
imméritée à soulager, d'inégalités sociales à aplanir.
C'était peu que la justice ne fût plus vénale, il voulut
que désormais elle fût accessible au malheureux. Honneur à Napoléon III ! C'est lui qui a conçu, qui a donné
le plan de l'assistance judiciaire, et cette grande institution humanitaire ne sera pas un des moindres bien-
faits de son règne.

« Le guerrier triomphant proclamera sa gloire,
« Le plaideur indigent bénira sa mémoire. »

Cette institution si belle, si secourable, ne laisserait
rien à désirer si l'assisté se montrait toujours ce qu'il
devrait être, modeste, juste et modéré. Le prétendant à
l'assistance a deux justifications à faire, celle de son indigence et celle de la bonté de sa cause. Nous en dési-

rerions une troisième, celle de la modération de la demande. Si cette nouvelle disposition passait dans la loi, les bureaux d'assistance, qui, sur dix affaires, obtiennent un arrangement amiable, en accommoderaient plus de la moitié. Cette réserve peut seule réparer l'inégalité de position qui existe entre l'assisté et la partie adverse. L'assisté judiciaire, on ne saurait trop le dire, est un plaideur redoutable. S'il est déraisonnable dans ses prétentions, son adversaire est perdu. Il n'eût pas eu de peine à s'entendre avec un plaideur ordinaire qui comme lui serait obligé de compter avec le fisc et les hommes de loi, auquel le Code de procédure laisserait mille soins et mille ennuis; il sera forcé, malgré lui, de soutenir l'instance jusqu'au bout, de subir un procès dans lequel il sait d'avance qu'il succombera. Du moins le tribunal réduira la demande à sa juste valeur.

L'assisté judiciaire manque souvent aussi de prévoyance et de discernement : les trois quarts du temps il actionne des personnes d'une insolvabilité notoire ; il obtient gain de cause et n'est pas plus avancé.

Les bureaux d'assistance chargés par la loi de décider de l'admission pèsent dans leur sagesse toutes les considérations qui militent pour ou contre la demande : ils doivent se montrer sévères et difficiles toutes les fois que la passion, l'exagération, l'imprévoyance ou l'impéritie égarent ou aveuglent celui qui la fait.

La mise en œuvre de la loi a fait reconnaître dans la pratique des difficultés qui préoccupent l'administration.

Il ne suffit pas à l'assisté d'obtenir jugement; il faut, de plus, que ce jugement acquière l'autorité de la chose jugée. Il est nécessaire, à peine de déchéance et de prescription d'instance, de remplir les formalités prescrites par le Code de procédure civile, en faisant courir, en temps utile, les délais d'appel ou d'opposition. En général ces formalités sont données en débet. Pourtant un cas assez fréquent se présente ; c'est celui où le jugement ne prononce contre l'adversaire de l'assisté d'autre condamnation pécuniaire que celle des dépens. Dans cette hypothèse c'était, d'après les instructions, à l'administration de l'enregistrement, c'est-à-dire à un tiers, qu'incombait l'obligation de faire les diligences nécessaires pour l'obtention de la grosse. Ces mesures entraînaient des frais énormes qu'il fallait payer au comptant, et qui presque toujours étaient perdus pour le Trésor. Aujourd'hui l'administration n'intervient plus. La caisse de l'État s'en trouve infiniment mieux, mais le jugement obtenu reste lettre morte, et quand les délais fixés pour la déchéance l'ont atteint, c'est une procédure à recommencer.

« Toute la procédure est perdue en un jour. »

Ce n'est pas tout encore que le jugement ait acquis force de chose jugée. Pour un plaideur ordinaire, il n'en faut pas davantage ; il peut voler de ses propres ailes. Mais pour un assisté judiciaire, c'est bien différent : il n'a point d'ailes. Un assisté judiciaire dépense beaucoup plus qu'on ne croit, en frais de voyage et en perte de temps. Il est plus pauvre que jamais quand il obtient la grosse. S'il la rend à son avoué pour qu'il pratique une saisie-arrêt ou une saisie-exécution, l'avoué la refuse. Ces poursuites, qui sont les moins dispendieuses, nécessitent encore de cent à deux cents francs d'avance. La position de l'assisté qui se trouve dans l'impossibilité de pourvoir à ces dépenses est souvent des plus critiques... Un martyr de l'humanité, noble héros de dévouement, monseigneur Affre, archevêque de Paris, avait, au cœur de l'hiver, obtenu du gouvernement un secours important pour les pauvres.

Son cœur saignait à la vue de tant de privations et de tant de misères. Il se présente aux bureaux du ministère des finances pour réclamer l'émission du secours. On lui observe qu'il fallait attendre, à cause de l'accomplissement de certaines formalités prescrites par la comptabilité.... Mais, reprend l'auguste prélat : *Les pauvres ne peuvent pas attendre !* Ayant rencontré moins de difficulté pour la délivrance de son mandat mensuel de traitement, il en réalisa immédiatement le montant en espèces, et accourut en faire la distribution aux malheureux.

N'est-il pas désirable, n'est-il pas opportun, que dans l'un et l'autre de ces deux cas les formalités soient accordées en débet ? Il ne faut pour cela qu'une simple décision des ministres compétents.

Après treize ans d'exercice, la loi sur l'assistance judiciaire n'est guère mieux connue du public qu'elle ne l'était le premier jour. La publicité lui aurait-elle fait défaut ? Son texte n'a fait qu'apparaître dans la librairie ; la seule édition qui a paru, laquelle remonte à plusieurs années, fut vite épuisée. Les avocats et les avoués en général n'ont sur cette loi que des notions vagues et incomplètes, même à l'égard de ses dispositions les plus importantes. C'est d'eux, presque toujours, que les clients pauvres en apprennent l'existence. A part les chefs des administrations centrales, les membres des parquets, surtout ceux de Paris, les employés de l'enregistrement et les présidents des comités d'assistance, sont à peu près les seuls qui aient fait une étude de cette loi.

Les instructions de l'administration rendues sur cette matière se modifient les unes les autres. Elles sont éparses et de plus incomplètes. N'étant pas coordonnées entre elles, elles ne forment pas un corps de doctrine.

La loi impose des obligations diverses aux membres des bureaux, à ceux du parquet, aux délégués de l'administration, aux officiers publics et ministériels et aux avocats. Chacun se pénètre plus ou moins bien du rôle qu'il a à remplir, mais il ignore complétement celui des autres. De là, absence d'horizon, défaut d'ensemble, tiraillements, délivrance de pièces imparfaites, production d'extraits quand il ne le faut pas, méprises, malentendus, demande de droits faite à des personnes qui ne doivent rien, poursuites illégales, inscriptions d'hypothèque prises indûment, comme aussi manque par ignorance de demande de droits ou avances réellement dus, etc.

Nous donnons le texte de la loi. Nous l'accompagnons du rapport fait à la Chambre des députés par M. de Vatimesnil. La plupart des recueils, même les plus estimés au Palais, n'en ont fourni que des fragments. Nous le reproduisons dans toute son étendue. Après cela, nous reprenons la loi, et, nous arrêtant à chaque article, nous le faisons suivre d'un commentaire. Il n'est pas une difficulté qui ne soit abordée de front ; traitée résolûment, envisagée sous toutes ses faces, la solution ne se fait pas attendre ; motivée, elle n'est jamais équivoque. Quand la science nous a fait défaut, nous avons demandé aide au bon sens. Quand l'esprit était obscurci, nous demandions de nobles inspirations à l'âme.

Jaloux d'épargner à de jeunes collègues des recherches longues et ennuyeuses, j'ai coordonné et réuni en quelques pages les diverses instructions qui doivent leur servir de règle.

Une table dressée avec le plus grand soin renvoie avec facilité aux diverses matières développées dans le livre.

Là où régnait le chaos nous avons établi l'ordre ; aux ténèbres a succédé la lumière. Le texte était obscur, et la loi restait incomprise. Il n'est plus besoin d'être légiste pour en saisir l'esprit et la posséder dans son ensemble et ses détails !

Heureux si nos efforts font faire un pas de plus à la science et pouvaient populariser en France une loi appelée à secourir avec dignité l'infortune !

COMMENTAIRE

DE LA

LOI DU 22 JANVIER 1851

SUR

L'ASSISTANCE JUDICIAIRE

LOI SUR L'ASSISTANCE JUDICIAIRE

Du 22-30 janv. 1851 (Bull. n° 2680). — Instr. gén. enreg., 31 mars 1851, n° 1879.

Art. 1ᵉʳ. L'assistance judiciaire est accordée aux indigents dans les cas prévus par la présente loi.

TITRE Iᵉʳ. — DE L'ASSISTANCE JUDICIAIRE EN MATIÈRE CIVILE.

CHAPITRE Iᵉʳ. — *Des formes dans lesquelles l'assistance judiciaire est accordée.*

Art. 2. L'admission à l'assistance judiciaire devant les tribunaux civils, les tribunaux de commerce et les juges de paix, est prononcée par un bureau spécial établi au chef-lieu judiciaire de chaque arrondissement, et composé :

1° Du directeur de l'enregistrement et des domaines, ou d'un agent de cette administration délégué par lui ;

2° D'un délégué du préfet ;

3° De trois membres pris parmi les anciens magistrats, les avocats ou anciens avocats, les avoués ou anciens avoués. Ces trois membres seront nommés par le tribunal civil.

Néanmoins, dans les arrondissements où il y aura au moins quinze avocats inscrits au tableau, un des trois membres mentionnés dans le paragraphe précédent sera nommé par le conseil de discipline de l'ordre des avocats, et un autre par la chambre des avoués près le tribunal civil ; le troisième sera choisi par le tribunal, conformément au paragraphe précédent.

ART. 3. Le bureau d'assistance établi près d'une Cour d'appel se compose de sept membres, savoir :

De deux délégués, nommés comme il est dit dans les n°° 1 et 2 de l'article précédent ;

Et de cinq autres membres choisis de la manière suivante :

Deux par la Cour, en assemblée générale, parmi les citoyens des qualités énoncées dans le quatrième paragraphe de l'article précédent ;

Deux par le conseil de discipline de l'ordre des avocats ;

Et un par la chambre de discipline des avoués de la Cour.

ART. 4. Lorsque le nombre des affaires l'exige, le bureau peut, en vertu d'une décision du ministre de la justice, prise sur l'avis du tribunal ou de la Cour, être divisé en plusieurs sections.

Dans ce cas, les règles prescrites par les deux articles précédents, relativement au nombre des membres du bureau et à leur nomination, s'appliquent à chaque section.

ART. 5. Près de la Cour de cassation et près du Conseil d'État, le bureau est composé de sept membres, parmi lesquels deux délégués du ministre des finances.

Trois autres membres sont choisis, savoir :

Pour le bureau établi près de la Cour de cassation, par cette Cour, en assemblée générale, parmi les anciens membres de la Cour, les avocats et les anciens avocats au

Conseil d'État et à la Cour de cassation, les professeurs et les anciens professeurs de droit ;

Et, pour le bureau établi près du Conseil d'État, par ce Conseil en assemblée générale, parmi les anciens conseillers d'État, les anciens maîtres des requêtes, les anciens préfets, les avocats et les anciens avocats au Conseil d'État et à la Cour de cassation.

Près de l'une et de l'autre de ces juridictions, les deux derniers membres sont nommés par le conseil de discipline de l'ordre des avocats au Conseil d'État et à la Cour de cassation.

ART. 6. Chaque bureau d'assistance ou chaque section nomme son président.

Les fonctions de secrétaires sont remplies par le greffier de la Cour ou du tribunal près duquel le bureau est établi, ou par un de ses commis assermentés ; et, pour le bureau établi près le Conseil d'État, par le secrétaire général de ce Conseil, ou par un secrétaire de comité ou de section délégué par lui.

Le bureau ne peut délibérer qu'autant que la moitié plus un de ses membres sont présents, non compris le secrétaire, qui n'a pas voix délibérative.

Les décisions sont prises à la majorité ; en cas de partage, la voix du président est prépondérante.

ART. 7. Les membres du bureau, autres que les délégués de l'administration, sont soumis au renouvellement au commencement de chaque année judiciaire et dans le mois qui suit la rentrée ; les membres sortants peuvent être réélus.

ART. 8. Toute personne qui réclame l'assistance judiciaire adresse sa demande sur papier libre au procureur de la République du tribunal de son domicile. Ce magistrat en fait la remise au bureau établi près de ce tribunal. Si le tribunal n'est pas compétent pour statuer sur le litige, le bureau se borne à recueillir des renseignements, tant sur l'indigence que sur le fond de l'affaire. Il peut entendre les parties. Si elles ne sont pas accordées, il transmet, par l'intermédiaire du procureur de la République, la demande, le résultat de ses informations et les pièces, au bureau établi près de la juridiction compétente.

ART. 9. Si la juridiction devant laquelle l'assistance judiciaire a été admise se déclare incompétente, et que, par suite de cette décision, l'affaire soit portée devant une autre juridiction de même nature et de même ordre, le bénéfice de l'assistance subsiste devant cette dernière juridiction.

Celui qui a été admis à l'assistance judiciaire devant une première juridiction continue à en jouir sur l'appel interjeté contre lui dans le cas même où il se rendrait incidemment appelant. Il continue pareillement à en jouir sur le pourvoi en cassation formé contre lui.

Lorsque c'est l'assisté qui émet un appel principal ou qui forme un pourvoi en cassation, il ne peut, sur cet appel ou sur ce pourvoi, jouir de l'assistance qu'autant qu'il y est admis par une décision nouvelle. Pour y parvenir, il doit adresser sa demande, savoir :

S'il s'agit d'un appel à porter devant le tribunal civil, au procureur de la République près ce tribunal ;

S'il s'agit d'un appel à porter devant la Cour d'appel, au procureur général près cette Cour ;

S'il s'agit d'un pourvoi en cassation, au procureur général près la Cour de cassation.

Le magistrat auquel la demande est adressée en fait la remise au bureau compétent.

ART. 10. Quiconque demande à être admis à l'assistance judiciaire doit fournir :

1º Un extrait du rôle de ses contributions, ou un certificat du percepteur de son domicile, constatant qu'il n'est pas imposé ;

2º Une déclaration attestant qu'il est, à raison de son indigence, dans l'impossibilité d'exercer ses droits en justice, et contenant l'énumération détaillée de ses moyens d'existence, quels qu'ils soient.

Le réclamant affirme la sincérité de sa déclaration devant le maire de la commune de son domicile ; le maire lui en donne acte au bas de la déclaration.

Art. 11. Le bureau prend toutes les informations nécessaires pour s'éclairer sur l'indigence du demandeur, si l'instruction déjà faite par le bureau du domicile du demandeur, dans le cas prévu par l'art. 8, ne lui fournit pas, à cet égard, des documents suffisants.

Il donne avis à la partie adverse qu'elle peut se présenter devant lui, soit pour contester l'indigence, soit pour fournir des explications sur le fond.

Si elle comparaît, le bureau emploie ses bons offices pour opérer un arrangement amiable.

Art. 12. Les décisions du bureau ne contiennent que l'exposé sommaire des faits et des moyens, et la déclaration que l'assistance est accordée ou qu'elle est refusée, sans expression de motifs dans l'un ni l'autre cas.

Les décisions du bureau ne sont susceptibles d'aucun recours.

Néanmoins, le procureur général, après avoir pris communication de la décision d'un bureau établi près d'un tribunal civil et des pièces à l'appui, peut, sans retard de l'instruction ni du jugement, déférer cette décision au bureau établi près la Cour d'appel, pour être réformée s'il y a lieu.

Le procureur général près la Cour de cassation et le procureur général près la Cour d'appel peuvent aussi se faire envoyer les décisions du bureau d'assistance qui ont été rendues dans une affaire sur laquelle le bureau d'assistance établi près de l'une ou de l'autre de ces Cours est appelé à statuer, si ce dernier bureau en fait la demande.

Hors les cas prévus par les deux paragraphes précédents, les décisions du bureau ne peuvent être communiquées qu'au procureur de la République, à la personne qui a demandé l'assistance, et à ses conseils ; le tout sans déplacement.

Elles ne peuvent être produites ni discutées en justice, si ce n'est devant la police correctionnelle, dans le cas prévu par l'art. 26 de la présente loi.

CHAP. II.— *Des effets de l'assistance judiciaire.*

Art. 13. Dans les trois jours de l'admission à l'assistance judiciaire, le président du bureau envoie, par l'intermédiaire du procureur de la République, au président de la Cour ou du tribunal, ou juge de paix, un extrait de la décision, portant seulement que l'assistance est accordée ; il y joint les pièces de l'affaire.

Si la cause est portée devant une Cour ou un tribunal civil, le président invite le bâtonnier de l'ordre des avocats, le président de la chambre des avoués et le syndic des huissiers, à désigner l'avocat, l'avoué et l'huissier qui prêteront leur ministère à l'assisté.

S'il n'existe pas de bâtonnier, ou s'il n'y a pas de chambre de discipline des avoués, la désignation est faite par le président du tribunal.

Si la cause est portée devant un tribunal ou devant un juge de paix, le président du tribunal ou le juge de paix se borne à inviter le syndic des huissiers à désigner un huissier.

Dans le même délai de trois jours, le secrétaire du bureau envoie un extrait de la décision au receveur de l'enregistrement.

ART. 14. L'assisté est dispensé provisoirement du paiement des sommes dues au Trésor pour droits de timbre, d'enregistrement et de greffe, ainsi que de toute consignation d'amende.

Il est aussi dispensé provisoirement du paiement des sommes dues aux greffiers, aux officiers ministériels et aux avocats, pour droits, émoluments et honoraires.

Les actes de la procédure faite à la requête de l'assisté sont visés pour timbre et enregistrés en débet. Le visa pour timbre est donné sur l'original au moment de son enregistrement.

Les actes et titres produits par l'assisté, pour justifier de ses droits et qualités, sont pareillement visés pour timbre et enregistrés en débet.

Si ces actes et titres sont du nombre de ceux dont les lois ordonnent l'enregistrement dans un délai déterminé, les droits d'enregistrement deviennent exigibles immédiatement après le jugement définitif; il en est de même des sommes dues pour contravention aux lois sur le timbre.

Si ces actes et titres ne sont pas du nombre de ceux

dont les lois ordonnent l'enregistrement dans un délai dé-terminé, les droits d'enregistrement de ces actes et titres sont assimilés à ceux des actes de la procédure.

Le visa particulier et l'enregistrement en débet doivent mentionner la date de la décision qui admet au bénéfice de l'assistance ; ils n'ont d'effet, quant aux actes et titres produits par l'assisté, que pour le procès dans lequel la production a eu lieu.

Les frais de transport des juges, des officiers ministé-riels et des experts, les honoraires de ces derniers et les taxes des témoins dont l'audition a été autorisée par le tribunal ou le juge-commissaire, sont avancés par le Trésor, conformément à l'art. 118 du décret du 18 juin 1811. Le § 5 du présent article s'applique au recouvrement de ces avances.

ART. 15. Le ministère public est entendu dans toutes les affaires dans lesquelles l'une des parties a été admise au bénéfice de l'assistance.

ART. 16. Les notaires, greffiers et tous autres déposi-taires publics ne sont tenus à la délivrance gratuite des actes et expéditions réclamés par l'assisté que sur une or-donnance du juge de paix ou du président.

ART. 17. En cas de condamnation aux dépens prononcée contre l'adversaire de l'assisté, la taxe comprend tous les droits, frais de toute nature, honoraires et émoluments auxquels l'assisté aurait été tenu s'il n'y avait pas eu as-sistance judiciaire.

ART. 18. Dans le cas prévu par l'article précédent, la condamnation est prononcée et l'exécutoire est délivré au nom de l'administration de l'enregistrement et des do-maines, qui en poursuit le recouvrement comme en ma-tière d'enregistrement.

Il est délivré un exécutoire séparé au nom de l'adminis-tration de l'enregistrement et des domaines pour les droits qui, n'étant pas compris dans l'exécutoire délivré contre la partie adverse, restent dus par l'assisté au Trésor, conformément au cinquième paragraphe de l'art. 14.

L'administration de l'enregistrement et des domaines

fait immédiatement aux divers ayants droit la distribution des sommes recouvrées.

La créance du Trésor, pour les avances qu'il a faites, ainsi que pour tous droits de greffe, d'enregistrement et de timbre, a la préférence sur celle des autres ayants droit.

ART. 19. En cas de condamnation aux dépens prononcée contre l'assisté, il est procédé, conformément aux règles tracées par l'article précédent, au recouvrement des sommes dues au Trésor, en vertu des paragraphes 5 et 8 de l'art. 14.

ART. 20. Les greffiers sont tenus de transmettre, dans le mois, au receveur de l'enregistrement, l'extrait du jugement de condamnation ou l'exécutoire, sous peine de 10 fr. d'amende pour chaque extrait de jugement ou chaque exécutoire non transmis dans ledit délai.

CHAP. III. — *Du retrait de l'assistance judiciaire.*

ART. 21. Devant toutes les juridictions, le bénéfice de l'assistance peut être retiré en tout état de cause, soit avant, soit même après le jugement :

1° S'il survient à l'assisté des ressources reconnues suffisantes;

2° S'il a surpris la décision du bureau par une déclaration frauduleuse.

ART. 22. Le retrait de l'assistance peut être demandé, soit par le ministère public, soit par la partie adverse.

Il peut aussi être prononcé d'office par le bureau.

Dans tous les cas, il est motivé.

ART. 23. L'assistance judiciaire ne peut être retirée qu'après que l'assisté a été entendu ou mis en demeure de s'expliquer.

ART. 24. Le retrait de l'assistance judiciaire a pour effet de rendre immédiatement exigibles les droits, honoraires, émoluments et avances de toute nature dont l'assisté avait été dispensé.

Dans tous les cas où l'assistance judiciaire est retirée, le secrétaire du bureau est tenu d'en informer immédiatement le receveur de l'enregistrement, qui procédera au recouvrement et à la répartition, suivant les règles tracées en l'art. 18 ci-dessus.

ART. 25. L'action tendant au recouvrement de l'exécutoire délivré à la régie de l'enregistrement et des domaines, soit contre l'assisté, soit contre la partie adverse, se prescrit par dix ans.

La prescription de l'action de l'adversaire de l'assisté contre celui-ci, pour les dépens auxquels il a été condamné envers lui, reste soumise au droit commun.

ART. 26. Si le retrait de l'assistance a pour cause une déclaration frauduleuse de l'assisté, relativement à son indigence, celui-ci peut, sur l'avis du bureau, être traduit devant le tribunal de police correctionnelle et condamné, indépendamment du paiement des droits et frais de toute nature, dont il avait été dispensé, à une amende égale au montant total de ses droits et frais, sans que cette amende puisse être au-dessous de 100 fr., et à un emprisonnement de huit jours au moins et de six mois au plus.

L'art. 463, C. pén., est applicable.

ART. 27. Les dispositions de la loi du 7 avril 1850 sont applicables :

1° A toutes les causes qui sont de la compétence des conseils de prud'hommes, et dont les juges de paix sont saisis dans les lieux où ces conseils ne sont pas établis;

2° A toutes les contestations énoncées dans les nᵒˢ 3 et 4 de l'art. 5 de la loi du 25 mai 1838.

TITRE II.—DE L'ASSISTANCE JUDICIAIRE EN MATIÈRE CRIMINELLE ET CORRECTIONNELLE.

ART. 28. Il sera pourvu à la défense des accusés devant les Cours d'assises, conformément aux dispositions de l'art. 394, C. inst. crim.

ART. 29. Les présidents des tribunaux correctionnels désigneront un défenseur d'office aux prévenus poursuivis à la requête du ministère public, ou détenus préventivement, lorsqu'ils en feront la demande, et que leur indigence sera constatée, soit par les pièces désignées dans l'art. 10, soit par tous autres documents.

Art. 30. Les présidents des Cours d'assises et les présidents des tribunaux correctionnels pourront, même avant le jour fixé pour l'audience, ordonner l'assignation des témoins qui leur seront indiqués par l'accusé ou le prévenu indigent, dans le cas où la déclaration de ces témoins serait jugée utile pour la découverte de la vérité.

Pourront être également ordonnées d'office toutes productions et vérifications de pièces.

Les mesures ainsi prescrites seront exécutées à la requête du ministère public.

Art. 31. La présente loi pourra, par des règlements d'administration publique, être appliquée aux colonies et à l'Algérie.

*RAPPORT fait par M. de Valmesnil, au nom de
la Commission chargée d'examiner le projet de loi
sur l'Assistance judiciaire, et la proposition de
M. Favreau.*

1. Messieurs, la justice doit être accessible à tous : ce fut dans
cette pensée que la première Assemblée constituante déclara
qu'elle serait rendue gratuitement, louable principe qui se trouve
reproduit dans l'art. 8 de la Constitution de 1848. — Toutefois,
la règle que nous venons de rappeler n'a qu'une portée res-
treinte : elle signifie uniquement que le traitement des magistrats est fourni par l'État, et qu'ils ne peuvent recevoir, comme
autrefois, des rétributions des justiciables.—Toute gratuite qu'est
la justice, dans l'acception que nous venons d'indiquer, les frais
qu'elle entraîne sont néanmoins considérables.—Ces frais sont
de trois sortes : les droits d'enregistrement, de timbre et de
greffe que perçoit le Trésor public ; — les honoraires ou émoluments des avocats, des officiers ministériels et des greffiers ; —
enfin la taxe des témoins, les vacations des experts et les frais
de transport dus aux personnes dont l'instruction de l'affaire
exige le déplacement.

2. Avant d'obtenir jugement, il faut faire l'avance de la plus
grande partie des frais dont nous venons de parler, et notamment de ceux de la première et de la troisième catégorie. Il
résulte de là que souvent il est impossible aux indigents d'intenter et de soutenir un procès. A moins qu'ils ne trouvent des
hommes généreux qui, par humanité, ou par cet intérêt qu'excite
le bon droit, consentent à venir à leur secours, les portes du
tribunal ne s'ouvrent pas pour eux, et les réclamations légitimes
qu'ils ont à former ne peuvent se faire jour, à défaut de ressources pécuniaires suffisantes pour les formuler juridiquement.
Il est arrivé plus d'une fois que celui contre lequel le pauvre
avait une action bien fondée, a indignement spéculé sur l'impuis-
sance où ce malheureux se trouvait de l'exercer, et qu'il a fermé
l'oreille à toute demande de satisfaction ou d'arrangement
amiable, dans la confiance que sa partie adverse ne parviendrait
jamais à le traduire devant la justice. *L'égalité des citoyens devant la loi,* si justement proclamée par toutes les constitutions
et toutes les chartes, n'est malheureusement qu'un mot vide de
sens à l'égard de l'homme qui est hors d'état de remplir la con-

dition nécessaire pour invoquer le secours des lois et s'adresser régulièrement à leurs organes. Dire à quelqu'un : vous ne pourrez pas présenter votre réclamation, quoiqu'elle soit juste ; ou lui dire : vous ne pourrez la présenter qu'en déboursant une somme d'argent que vous n'avez pas ; c'est, en réalité, la même chose ; il n'y a de différence qu'au point de vue de la théorie, il n'y en a pas sous le rapport de la pratique. — Cette situation de l'indigent, qui ne peut se faire rendre justice et qui végète dans la misère, en présence du débiteur, ou du détenteur contre lequel il n'a pas le moyen d'agir, est non-seulement affligeante pour la morale publique, mais encore contraire au respect dû à la propriété ; car la propriété n'est entourée de garanties suffisantes qu'autant que la réparation des lésions qu'elle éprouve est praticable pour toute personne qui en souffre.

3. À toutes les époques, ces réflexions ont frappé le législateur ; et, s'il n'est pas entré dans un système complet d'assistance judiciaire en faveur des indigents, du moins il a manifesté le désir d'apporter des remèdes partiels au mal que nous venons de signaler. Il faut ajouter que, dans cette carrière, les mœurs ont devancé les lois, et que les corporations judiciaires ont toujours montré le plus honorable empressement à offrir aux pauvres le secours gratuit de leurs conseils et de leur ministère. — Le Gouvernement, dans son exposé de motifs, a eu soin de vous rappeler ce qu'avaient fait, en cette matière, le Digeste, les Capitulaires et les rois Charles V et Henri IV. Mais ce qu'il importe de considérer surtout, c'est l'état actuel de la législation et de l'usage. Nous devons signaler ce point de départ, afin de vous mettre en état d'apprécier ce qui reste à faire. — L'arrêté du 9 frim. an IX sur les chambres des avoués contient les dispositions suivantes : Art. 2. « Les attributions de ladite chambre seront : ... 5° de former dans son sein *un bureau de consultation gratuite pour les citoyens indigents* dont la chambre distribue les affaires aux divers avoués pour les suivre, quand il y a lieu. » — Art. 7. « Outre les fonctions spéciales ci-dessus attribuées à quelques membres, et celles communes à tous dans la délibération, chacun des membres de la chambre est sous-délégué... 2° Pour l'examen et la consultation *des affaires des indigents*, qui lui sont aussi réparties par le président de la chambre à laquelle il les renvoie, avec son avis, pour, s'il y a lieu de les suivre, être, par le président, distribués aux divers avoués. »

Des dispositions analogues ne pouvaient manquer de trouver place dans le décret du 14 décembre 1810, qui réorganisa le bureau. — On y lit : « Art. 24. Le conseil de discipline a la *dé-*

fense des indigents par l'établissement d'un *bureau de consultation gratuite,* qui tiendra une fois par semaine. Les causes *que ce bureau trouvera justes* seront par lui envoyées avec son avis au conseil de discipline, qui les distribuera aux avocats à tour de rôle. — Voulons que le bureau apporte la plus grande attention à ces consultations, *afin qu'elles ne servent pas à vexer les tiers,* qui ne pourraient par la suite être remboursés des frais de l'instance (V. aussi les art. 34 et 45 de ce décret). Les jeunes avocats admis au stage seront tenus de suivre exactement les assemblées de bureau de consultations, etc. »

Il est vrai que l'ordonnance du 20 novembre 1822 n'a pas reproduit ces dispositions, mais elle ne renferme rien qui y soit contraire, et comme l'art. 45 de cette ordonnance déclare *maintenus les usages observés dans le barreau, relativement aux droits et aux devoirs* des avocats dans *l'exercice de leur profession,* aucun d'eux, comme le dit l'exposé des motifs du projet de loi, ne s'est cru *dégagé* par le silence qu'a gardé l'ordonnance de 1822 ; car, s'il est un *usage* auquel le barreau soit invinciblement attaché, et un *devoir* sacré pour lui, c'est d'employer tout ce qu'il a de science, de zèle et de puissance oratoire à la défense gratuite des indigents. — Les lois , en appelant les avocats et les avoués à couvrir de leur patronage la cause du pauvre, n'ont fait que sanctionner et convertir en précepte les honorables traditions qui existaient de temps immémorial dans ces corporations judiciaires.

Nous ne devons pas laisser échapper cette occasion de rappeler ce que contient l'exposé des motifs , relativement à la louable sollicitude de la chambre des avoués de Paris, qui, depuis le 1er janvier 1844 jusqu'au 31 décembre 1848, a poursuivi à ses frais sept cent quarante-cinq procès intentés par des indigents, et parmi lesquels on compte quatre cent vingt séparations de corps. Ainsi, non-seulement les avoués ont occupé gratuitement pour ces indigents, mais encore la chambre a fourni le montant des déboursés résultant des droits du fisc. Certes elle ne pouvait exécuter d'une manière plus digne d'éloge l'art. 18 de l'arrêté du 13 frim. an IX, qui porte que.... « Les fonds qui se trouvent dans la bourse commune, au delà des dépenses annuelles, sont réservés et employés par la chambre *pour subvenir aux besoins des pauvres* qu'elle croit avoir le plus de droit à la bienfaisance des avoués. » — Ce fait, en même temps qu'il révèle les bonnes actions que nous avons signalées, constate un besoin social ; car, si les sept cent quarante-cinq indigents dont la chambre a soutenu les droits n'avaient pas trouvé un tel secours, il est évident que ces infortunés n'aurait pu obtenir justice.

4. Il nous reste à exposer ce que la législation a fait pour affranchir, dans certains cas, les indigents du paiement des droits établis en faveur du Trésor. — A cet égard, tout se réduit aux textes suivants :

1° Décret du 18 juin 1811 sur les frais de justice criminelle. Les art. 117 et 118 de ce décret règlent ce qui concerne les frais de la poursuite d'instruction d'office ; les art. 119 et 120 ajoutent : 119. « Si l'interdit est solvable, les frais de l'interdiction seront à sa charge, et le recouvrement en sera poursuivi avec privilége et préférence sur ses biens ; et, en cas d'insuffisance, sur ceux de ses père, mère, époux ou épouse. » — 120. « Si l'interdit et les parents désignés dans l'article précédent *sont dans un état d'indigence* dûment constaté par certificat du maire, visé et approuvé par le sous-préfet et par le préfet, il ne sera passé en taxe que le salaire des huissiers et l'indemnité due aux témoins non parents ni alliés de l'interdit. » — Les art. 121 et 122 de ce décret déclarent ces règles applicables aux poursuites d'office du ministère public dans les cas prévus par le Code civil, notamment par les art. 50, 53, 81, 184, 191 et 192 de ce Code, et par l'avis du Conseil d'Etat du 12 brum. an II, relatif à la rectification des actes de l'état civil.

2° Loi du 25 mars 1817, art. 75. — « Seront visés pour timbre et enregistrés *gratis* les actes de procédure et les jugements à la requête du ministère public, ayant pour objet : 1° De réparer les omissions et faire les rectifications, sur les registres de l'état civil, *d'actes qui intéressent les individus notoirement indigents*, etc. »

3° Loi du 3 juillet 1846. art. 8. — « A partir du 1er janvier 1847, les extraits des registres de l'état civil, les actes de notoriété, de consentement, de publication, les délibérations des conseils de famille, *les actes de procédure, les jugements et arrêts dont la production sera nécessaire pour la célébration du mariage des personnes indigentes et pour la légitimation de leurs enfants, seront visés pour timbre et enregistrés gratis, lorsqu'il y aura lieu à l'enregistrement. Il ne sera perçu aucun droit de greffe au profit du Trésor sur les copies ou expéditions qui en seront passibles.* » — « L'indigence sera constatée selon les formes déterminées, avant le 1er janvier 1847, par une ordonnance rendue dans la forme des règlements d'administration publique. Les actes, extraits, copies ou expéditions ainsi délivrés ne pourront servir que pour les causes ci-dessus indiquées, sous les peines prévues par les lois en vigueur. »

4° Art. 420, C. inst. crim. —…« A l'égard de toutes autres personnes, l'amende sera encourue par celles qui succomberont dans leurs recours. Seront néanmoins dispensés de la consigner celles qui joindront à leur demande en cassation : — 1° Un extrait du rôle des contributions, constatant qu'elles payent moins de 6 francs, ou un certificat du percepteur de leur commune, portant qu'elles ne sont point imposées ; — 2° Un certificat d'*indigence* à elles délivré par le maire de la commune de leur domicile, ou par son adjoint, visé par le sous-préfet et approuvé par le préfet de leur département. »

5. Voilà tout ce que la législation a fait jusqu'ici, quant à la dispense des droits du fisc, en faveur des indigents qui se trouvent engagés dans des contestations judiciaires. C'est peu, mais le principe se trouve consacré. Or, ce principe une fois admis, comment peut-on, sans blesser l'équité et la logique, en limiter l'application à tel ou tel genre de litige et de difficulté ? Si la loi abaisse les barrières qui s'opposent à ce que l'indigent fasse rectifier les actes qui constatent son état civil, et à ce qu'il porte devant la Cour de cassation son recours contre un jugement correctionnel, pourquoi lui refuse-t-elle un secours analogue lorsqu'il s'agit pour lui de recouvrer une créance ou la possession d'un immeuble qui est le pain de sa famille ? On voit donc que ce qui reste à faire en matière d'assistance judiciaire consiste surtout à généraliser en faveur des indigents l'affranchissement des droits d'enregistrement, de timbre et de greffe ; car, en ce qui concerne le patronage tant du barreau que des avoués, les lois ont déjà pourvu à une grande partie de ce qui était désirable ; les mœurs et les sentiments généreux ont presque achevé l'œuvre, et il ne s'agit que de régulariser par des dispositions complètes ce qui existe déjà, soit en droit, soit en fait. Aussi les points les plus sérieux et les plus difficiles du problème posé devant l'Assemblée, par le projet du Gouvernement et par la proposition de l'honorable M. Favreau, sont ceux-ci : — Jusqu'où s'étendra, en faveur des indigents qui plaident, l'affranchissement des droits fiscaux ? Dans quelles formes et avec quelles précautions cet affranchissement leur sera-t-il accordé ?

6. Vous comprenez, messieurs, qu'en cette matière, presque entièrement nouvelle, le législateur doit procéder avec circonspection. Il se trouve placé entre deux écueils. D'un côté, s'il entoure de trop de difficultés l'admission à l'assistance, il court le risque d'étouffer des réclamations légitimes qui, à défaut de ressources pécuniaires, ne pourront se produire devant la justice ; mais, d'un autre côté, s'il ouvre une porte trop large, il lésera à la fois l'intérêt du Trésor et celui des personnes contre lesquelles les assistés intenteront des actions judiciaires. Il ne faut jamais perdre de vue la recommandation si sage du décret du 14 décembre 1810 :.... *d'apporter la plus grande attention aux consultations, afin qu'elles ne servent point à vexer les tiers...* L'assistance judiciaire n'est due qu'au bon droit et à l'impossibilité de la faire valoir par la voie commune ; hors de ces limites, elle dégénérerait en injustice et en oppression à l'égard d'autrui ; elle tarirait les ressources du revenu public , et elle deviendrait un aliment funeste pour l'esprit tracassier et processif.

7. Pour admettre un réclamant à l'assistance judiciaire, il faut constater deux faits également importants : d'abord qu'il est indigent ; et, en second lieu, que l'action qu'il se propose d'intenter est plausible. Ainsi, la vraie difficulté à résoudre en cette matière consiste à constituer, pour l'examen et la vérification de cette double condition, une autorité qui offre à l'Etat, à la justice, à l'indigent et aux tiers, toutes les garanties d'une décision éclairée et impartiale. Le bon ou le mauvais effet de la loi à intervenir dépend presque entièrement de la bonne ou de la mauvaise organisation de cette autorité. Votre commission doit donc avant tout appeler votre attention sur cette question fondamentale.

8. La plupart des nations voisines nous ont précédés dans la voie de l'assistance judiciaire. — Commençons par l'examen du système établi dans le pays où cette législation est le plus ancienne. c'est-à-dire dans les Etats sardes... « Il consiste, porte l'exposé des motifs, à constituer près de chaque juridiction un avocat et un avoué des pauvres. *Ces fonctionnaires, payés par l'Etat,* examinent si la partie qui invoque leur ministère est véritablement dans l'indigence ; ils recherchent si ses droits ont une grande apparence de fondement ; ils entendent la partie adverse, font une tentative de conciliation, et, si la pauvreté leur paraît certaine, si leur droit leur semble fondé, ils proposent au juge d'admettre leur client au bénéfice des pauvres. » — L'exposé des motifs repousse cette organisation comme trop dispendieuse, puisque les traitements des fonctions qu'il faudrait créer ne s'élèveraient pas à moins de 2,500,000 fr., et comme accordant aux pauvres un formidable avantage sur les riches, en faisant plaider les causes des premiers par de véritables magistrats. — Ces raisons nous paraissent décisives ; et nous y ajouterons que l'institution de nouvelles fonctions salariées nous paraîtrait fâcheuse, non-seulement sous l'aspect financier, mais encore au point de vue politique et moral. La plaie des Etats modernes e de la France en particulier, c'est la surabondance des emplois payés par le Trésor. L'éducation de l'enfance et les vocations de la jeunesse, au lieu de se diriger vers l'industrie agricole ou manufacturière, ont pour but presque exclusif les fonctions salariées dans lesquelles chacun croit apercevoir un avenir plus assuré et une existence moins laborieuse. De là naissent l'esprit d'intrigue pour atteindre l'objet de son ambition, et, lorsqu'on n'y est pas parvenu, l'esprit de faction, pour bouleverser la société et conquérir, par le désordre et la violence, la situation désirée. Le législateur, pour combattre, autant qu'il est en lui, ces dangereuses tendances, doit, d'une part, éviter toute création d'emplois rétribués, et de l'autre, ouvrir de nouvelles carrières aux hommes que leur zèle pour le bien public ou un légitime amour-propre engagent à consacrer gratuitement aux intérêts généraux du pays les loisirs que leur laisse la position indépendante dans laquelle ils se trouvent placés.

Nous dirons enfin qu'il est résulté de la discussion qui a eu lieu dans le sein du Conseil d'Etat sur le projet de loi qui vous est actuellement soumis, que le système sarde n'avait pas produit d'aussi bons effets qu'on le croyait communément, et qu'il y avait un très-grand arriéré dans les affaires des indigents.

Passons maintenant à la législation belge et hollandaise : c'est au tribunal lui-même que l'indigent s'adresse pour être admis à plaider sans frais ; il débute par une assignation donnée à son adversaire, et l'on débat contradictoirement devant le tribunal la réalité de l'indigence et la vraisemblance du droit.

L'exposé des motifs remarque avec raison qu'un tel mode est inadmissible ; qu'il n'est pas raisonnable d'engager un procès réel pour faire décider qu'on plaidera sans frais ; que les juges, pour statuer sur la question d'assistance, doivent examiner, au moins superficiellement, le fond du droit ; que cet examen superficiel est confié aux mêmes magistrats qui sont appelés plus tard à statuer sur la cause, et qu'il résulte de là un préjugé toujours redoutable. — Ces arguments sont trop décisifs pour que nous insistions davantage.

Parlerons-nous du système établi dans le canton de Vaud ? Là, c'est un membre du barreau qui est seul juge de la question de l'admission à l'assistance (Code de proc. du canton de Vaud, de déc. 1834, chap. IV). L'imperfection d'une telle loi n'a pas besoin d'être démontrée. Comment un seul jurisconsulte, quelle que soit sa capacité, peut-il examiner une affaire sous toutes ses faces ? Quels moyens a-t-il pour constater l'indigence ? Quelle est la garantie pour les intérêts du Trésor et pour ceux des tiers ?

9. Aucune de ces organisations ne nous paraît mériter d'être transportée en France. Le principe de l'assistance, admis dans les pays dont nous venons de parler, est bon et digne d'être imité ; mais sa mise en action n'est pas satisfaisante. — Quel mode faudrait-il donc établir ? L'idée la plus simple, à mon avis, c'est de prendre pour base l'expérience résultant des faits qui se passent sous nos yeux. — Comme nous l'avons exposé ci-dessus, chez nous, l'assistance judiciaire n'est chose nouvelle qu'en partie : quant à la remise des droits du fisc, elle est presque entièrement nouvelle ; mais, quant au patronage, elle s'est constamment pratiquée ; et, sous ce dernier rapport, comment y pourvoit-on ? Au moyen de l'examen préalable d'une réunion de légistes (tantôt le bureau de consultation de l'ordre des avocats, tantôt la chambre des avoués) qui vérifient le fait de l'indigence, et qui apprécient, au moins préliminairement, les chances de succès de la cause. Dès lors pourquoi ne pas suivre cette indication ? pourquoi ne pas instituer un conseil d'assistance dans la composition duquel entreront un certain nombre de légistes ? La loi, en prenant pour indication la pratique actuelle, fera pour le pauvre ce que le riche fait pour lui-même, lorsqu'il est sage et prudent : celui-ci, avant d'intenter un procès, s'adresse à des conseils auxquels il offre des honoraires ; la loi donnera aux pauvres un conseil gratuit : les honoraires de ses membres seront le sentiment d'une bonne action, la satisfaction intérieure causée par un service rendu et par une infortune soulagée.

Toutefois, si les bureaux d'assistance n'avaient dans leur sein que des légistes, l'intérêt du Trésor n'y serait pas toujours assez efficacement défendu. Il convient donc d'y introduire un autre élément : des représentants de l'intérêt des finances, qui n'est autre chose que l'intérêt général des contribuables, doivent être appelés à y siéger. A ce moyen la réalité de l'indigence alléguée sera examinée avec une attention sérieuse ; ce sera une garantie non-seulement pour l'Etat, mais encore pour les tiers ; car, ainsi que nous l'avons déjà remarqué, l'assistance, trop facilement accordée à des individus qui peuvent subvenir aux frais du procès, serait un funeste encouragement donné à la manie de plaider, dont le frein naturel est la crainte de supporter les dépens.

10. Le projet du Gouvernement fait entrer, en outre, les officiers du ministère public. Les officiers du parquet, pour donner avec impartialité leurs conclusions à l'audience, ne doivent être liés par aucun engagement antérieur. Or, n'est-ce pas un engagement que d'avoir pris part à la décision qui a accordé l'assistance ? Cette décision ne suppose-t-elle pas nécessairement chez ceux qui l'ont rendue, une opinion favorable à la cause de l'assisté? Aux termes des art. 378, n° 8, et 381, C. proc., le magistrat du ministère public, qui est *partie jointe*, est récusable, *s'il a donné conseil sur le différend*. Or, le bureau d'assistance ne *donne-t-il pas conseil* à l'indigent? Comment donc concilier la disposition du projet qui veut que le procureur de la République soit membre du conseil d'assistance (art. 2) avec celle qui porte que *le ministère public sera entendu dans toutes les affaires dans lesquelles l'une des parties a été admise au bénéfice de l'assistance* (art. 12)? Votre commission donne son adhésion complète à cette dernière règle; et, par ce motif même, elle ne saurait admettre la première.

11. Nous ne pouvons non plus vous proposer d'adopter les dispositions qui substituent le bureau d'assistance au juge de paix, en lui donnant pour mission officielle la conciliation des parties (art. 8 et 9). Que le bureau soit conciliateur officieux, rien n'est plus louable : c'est ce que fait généralement, avec un empressement louable et désintéressé, le conseil de l'une des parties lorsqu'il parvient à réunir son adversaire avec elle dans son cabinet. Mais de là à une conciliation juridique, il y a une distance que nous n'avons pas besoin de faire ressortir. Si une telle attribution était donnée au barreau, il faudrait l'ôter au juge de paix, ce qui aurait deux inconvénients : d'abord de nuire à la considération dont cette magistrature locale doit être environnée, et, en second lieu, de rendre les conciliations plus difficiles et plus rares. — En effet, pour réussir à concilier, il faut jouir de la confiance des deux parties, ce qui ne peut arriver qu'autant que l'une et l'autre sont convaincues que le conciliateur tient entre elles la balance parfaitement égale. C'est ce que les justiciables pensent du juge de paix, toutes les fois que ce magistrat est digne des fonctions qu'il remplit; mais c'est ce que la partie adverse de l'indigent pensera rarement du bureau d'assistance, qu'elle sera naturellement portée à considérer comme favorable à la cause de celui-ci.—Ainsi, la loi peut bien admettre que le bureau emploiera ses bons offices pour opérer un arrangement amiable; mais elle ne doit pas l'investir du caractère légal de conciliateur; il faut réserver ce caractère au juge de paix.

12. En cette matière que faut-il entendre par *indigence*? Est-ce l'indigence absolue ou l'indigence relative? — Votre commission a pensé que la loi devait s'appliquer à l'indigence relative. Cette opinion s'appuie sur la nature même de l'assistance judiciaire. Le but de cette assistance est de rendre possible une réclamation à laquelle le défaut de moyens pécuniaires de l'homme qui a le droit de la former mettrait un obstacle insurmontable. Or, les frais de justice varient selon le genre et les circonstances des procès : une affaire ordinaire, par exemple, coûte beaucoup plus qu'une affaire sommaire. Ainsi, tel individu qui peut faire face aux dépenses qu'entraîne une cause de cette dernière espèce est hors d'état de subvenir à ceux auxquels donne lieu une cause de la première ; on doit donc le considérer comme indigent relativement à celle-ci, tandis qu'il ne l'est pas relativement à celle-là. L'indigence judiciaire n'est autre chose que l'impossibilité de faire valoir son droit devant les tribunaux, et par conséquent elle est relative. — Il résulte de là que la loi ne peut poser une règle inflexible comme l'a fait l'art. 20, Cod. inst. crim., qui, en matière de consignation d'amende de cassation, ne considère comme indigents que ceux qui payent *moins de 6 francs de contribution.* Il y a une infinité de contribuables portés au rôle pour 6 francs et plus, qui ne pourraient pas payer les frais d'un procès. — Ainsi, la question d'indigence doit être pour le bureau une question d'appréciation. C'est en comparant les moyens pécuniaires de la personne qui réclame l'assistance, avec les frais présumés du litige, qu'il résoudra cette question. La commission extra-parlementaire chargée par M. le garde des sceaux de préparer le projet avait été frappée de cette vérité, et elle en avait même un peu exagéré les conséquences, en se servant du mot *insuffisance de ressources,* à l'effet d'exprimer la situation dans laquelle il faudrait se trouver placé pour avoir droit à l'assistance judiciaire. Le Conseil d'Etat a pensé avec raison que cette locution était trop large, et qu'il était préférable d'employer le mot *indigence,* qui tracerait mieux au bureau le cercle dans lequel il devrait se renfermer, et qui suffirait même pour détourner certains plaideurs de réclamer l'*assistance* ; mais il a été parfaitement entendu qu'il s'agissait d'une indigence relative, sur laquelle le bureau prononcerait, comme une sorte de jury, en tenant compte des circonstances particulières de chaque cause. Le Gouvernement et votre commission envisagent la question de la même manière.

13. Nous avons examiné ensuite, messieurs, quelle doit être la portée de l'assistance. Faut-il la réduire à un simple crédit accordé par le Trésor public à l'assisté ? Après le jugement du procès, l'administration de l'enregistrement aura-t-elle contre celui-ci une action pour se faire payer en masse les droits qu'un plaideur non indigent aurait acquittés au fur et à mesure des actes ? Le Conseil d'Etat a pensé que tel devait être en général le caractère de l'assistance judiciaire, et que, sauf certaines exceptions déterminées par l'art. 11 de son projet, l'assisté serait tenu après le jugement définitif, de payer les sommes dues au Trésor, pour droits de timbre, d'enregistrement, de greffe et pour amendes, et celles dues aux greffiers et aux officiers ministériels pour droits, émoluments et honoraires (art. 10). Le Gouvernement n'a pas admis ce principe, et nous croyons qu'il a bien fait. L'assisté est non-seulement un homme pauvre, mais presque toujours un homme peu instruit et incapable d'apprécier son affaire sous le point de vue du droit et des chances de succès qu'elle peut présenter.

Il s'adresse au bureau comme à un conseil ; le bureau lui déclare que sa cause offre des apparences favorables, et c'est sur la foi de cet avis qu'il s'engage dans le procès. L'équité permet-elle que, plus tard, et après qu'il a succombé dans la contestation, le Trésor vienne réclamer contre lui les droits de timbre, d'enregistrement et autres de même nature auxquels le litige a donné lieu ? Ce malheureux plaideur ne peut-il pas répondre qu'il n'aurait pas porté son affaire devant la justice, s'il n'y avait pas été encouragé par l'avis du bureau ? Qu'il se serait abstenu de contester, d'abord parce qu'il n'avait pas d'argent, et en second lieu, parce que lui-même doutait de la bonté de sa cause, et enfin parce qu'il aurait peut-être trouvé d'autres conseils plus clairvoyants qui lui auraient prédit l'échec qu'il devait subir ? Il nous semble que la protection de la loi ne doit pas aussi tourner contre l'assisté, et qu'il n'est pas raisonnable que le Trésor recueille, à son détriment, une sorte de bénéfice, en le forçant à payer un impôt pour des actes judiciaires qui, très-probablement, n'auraient pas été faits si l'assistance ne lui eût pas été accordée, puisque alors, selon toute vraisemblance, il n'y aurait pas eu de procès. Nous ne saurions non plus admettre qu'après le jugement les officiers ministériels viennent réclamer contre l'assisté des droits et honoraires ; une telle disposition serait un démenti donné aux sentiments généreux et aux louables usages dont nous avons parlé plus haut ; elle constituerait une dérogation à l'arrêté du 13 frim. an IX ; et rien ne justifierait une semblable dérogation : il serait même inconcevable que, dans une loi d'assistance, on eût fait moins pour les indigents que n'avaient fait les lois antérieures. Vainement dirait-on, qu'il n'est pas juste que l'officier ministériel accorde gratuitement son temps et ses soins à l'affaire d'autrui : la réponse est que les officiers ministériels sont investis de priviléges qui sans doute ont été créés dans des vues d'intérêt public et pour satisfaire à des besoins sociaux, mais qui, en même temps, constituent pour eux une profession lucrative; que la loi peut mettre des conditions à l'exercice de ces priviléges, et qu'au surplus aucun de ces officiers ne se plaindra d'une condition qui consiste à l'associer à une œuvre de justice, de bienfaisance et d'humanité. — Votre commission adhère donc à la pensée du projet du Gouvernement, qui n'admet de répétition de la part du Trésor et des officiers ministériels qu'en cas de retrait de l'assistance.

14. Toutefois il nous a paru, messieurs, que dans les sommes dont le Trésor peut se trouver à découvert, il convenait d'admettre des distinctions. — Lorsque ces sommes consistent dans des droits de timbre, de greffe et d'enregistrement d'actes, dont l'enregistrement n'est pas exigé dans un délai fixe, mais seulement au moment où on en fait usage, nous pensons que, sauf les cas du retrait de l'assistance, la loi ne doit pas donner au Trésor d'action contre l'assisté; car alors il n'y a pour le Trésor qu'un *manque à gagner*; les droits en question n'auraient pas existé si le procès n'avait pas été intenté; il s'agit donc d'un impôt purement accidentel, dont remise doit être faite à un contribuable indigent. — Mais à l'égard des actes dont la loi exige l'enregistrement dans un délai déterminé, le droit *était acquis* au Trésor indépendamment du procès; et lors même qu'il n'aurait été fait aucun usage de ces actes, il ne doit donc pas y renoncer, il doit seulement en ajourner la perception jusqu'à la fin du litige. — Une observation semblable s'applique aux *amendes* pour infraction aux lois sur le timbre. — De même, si le Trésor a fait l'avance des *taxes des témoins* ou des *honoraires des experts*, il doit être admis à en répéter le montant. De telles avances ont le caractère d'un prêt fait à l'assisté; et celui-ci doit employer ses ressources, quelque faibles qu'elles soient, à en rendre le montant. Le système contraire aurait d'ailleurs l'inconvénient d'exciter l'assisté à faire entendre dans les enquêtes un trop grand nombre de témoins et à requérir trop facilement des expertises. On mettra un frein à ces abus en laissant à la charge de l'assisté, s'il perd son procès, les dépenses dont il s'agit.

15. Nous venons, messieurs, de parcourir les sommités du sujet, et nous vous avons exposé comment nous concevons l'assistance judiciaire sous son aspect général. Les points principaux ainsi fixés, il nous reste à vous expliquer les amendements dont un certain nombre des dispositions du projet nous paraissent susceptibles. A l'égard de celles dont nous vous proposons le maintien pur et simple, nous nous bornerons à les indiquer, à moins qu'elles ne soient sujettes à quelque objection, au devant de laquelle il serait convenable d'aller.

16. Art. 1. La pensée de l'art. 1 de la commission est la même que celle de l'art. 1 du Gouvernement (1) ; mais il nous semble que la rédaction en est plus précise et plus exacte.

En effet, d'une part, les mots *droits utiles*, qui figurent dans le projet du Gouvernement, n'ont pas, à notre avis, un sens assez net ; et il suffit de lire la discussion qui a eu lieu dans le sein du conseil d'Etat pour se convaincre que les opinants ne les ont pas entendus de la même manière. — D'autre part, la commission ne croit pas que l'assistance doive être accordée généralement et sans exception à tous ceux qui ont des droits *à exercer en justice* : par exemple, comme nous le dirons ci-après, elle n'est pas d'avis de l'accorder devant les tribunaux de répression à la *partie civile* ; et elle pense qu'on ne doit l'accorder au prévenu en matière correctionnelle que dans certains cas. Les expressions du projet sont donc trop absolues, et nous croyons qu'il vaut mieux dire que l'assistance judiciaire est accordée aux indigents dans les cas prévus dans la présente loi.

17. Art. 2, 3, 4, 5, 6 et 7 *du projet de la commission.* Nous réunissons ici tout ce qui concerne ces articles, parce qu'ils appartiennent à un même ordre d'idées, savoir : à la composition des bureaux établis près des diverses juridictions. — Les textes relatifs à cette composition se trouvent dispersés dans le projet du Gouvernement (2). L'art. 2 de ce projet règle l'organisation des bureaux établis près des tribunaux civils et des cours d'appel ; les art. 5 et 6, l'organisation des bureaux établis près la Cour de cassation et le conseil d'Etat. Entre ces dispositions, se trouvent les art. 3 et 4, qui n'appartiennent pas directement à la question d'organisation. Nous pensons que tous les textes qui se rattachent spécialement à cette question doivent être placés à la

---

(1) Cet article portait : « L'assistance judiciaire est accordée à ceux que leur indigence met dans l'impossibilité d'exercer en justice des droits utiles. »

(2) D'après ce projet, le bureau se trouvait composé comme il suit : 1° du procureur de la République ou de l'un de ses substituts ; — 2° du directeur de l'enregistrement et du directeur des contributions directes ou d'un agent de chacune de ces administrations, délégué par le directeur ; — 3° d'un avocat ou d'un avoué désigné par le président du tribunal.—Si l'assistance était demandée pour procéder devant une Cour d'appel, le procureur de la République devait être remplacé dans le bureau par le procureur général ou l'un de ses substituts, et l'avoué de première instance par un avoué d'appel désigné par le président de la Cour.

suite les uns des autres et sans aucune interruption. Cela posé, nous passons aux motifs des changements de détail que nous vous soumettons.

18. Par les raisons ci-dessus déduites, nous vous proposons de ne pas faire entrer les officiers du ministère public dans la composition des comités d'assistance. Comme nous le dirons bientôt, dans notre système ils auront pour mission de mettre en mouvement ces bureaux en leur transmettant les affaires; mais ils ne prendront aucune part à leurs délibérations.

19. Nous pensons que l'intérêt du Trésor doit, comme le veut le projet du Gouvernement, être représenté par deux personnes, et qu'il convient que l'une de ces personnes soit un agent de la régie de l'enregistrement; l'aptitude des fonctionnaires de cette classe, pour tout ce qui tient aux *droits du Trésor* en matière d'actes de procédure, ne saurait être contestée; mais nous ne croyons pas à l'utilité de la présence d'un agent des *contributions directes.* Parmi les questions qui pourront se débattre dans le sein du bureau, nous n'en apercevons pas qui soit du ressort de cet agent. Sans doute, aux termes de l'art. 7 du projet du Gouvernement, qui devient l'art. 10 du projet de votre commission, le demandeur en assistance doit fournir un extrait du rôle des contributions ou un certificat du percepteur de son domicile constatant qu'il n'est pas imposé ; mais l'unique objet de cette pièce est de constater des faits matériels sur lesquels il n'y a guère de discussion possible. D'ailleurs, il n'y a de directeur des contributions directes qu'au chef-lieu du département; et les autres agents de cette administration sont si souvent en tournée, qu'on ne pourrait attendre d'eux une assistance exacte aux séances du bureau. Nous pensons donc que le second représentant des intérêts du Trésor doit être un délégué du préfet. Cet administrateur le choisira, selon les localités, soit parmi les citoyens sans fonctions, soit dans une telle classe de fonctionnaires qu'il jugera convenable.

20. Les autres membres du bureau doivent être des légistes. D'après le projet du Gouvernement il doit y avoir un avocat et un avoué. Sans doute il convient en général de faire entrer dans le bureau des personnes de l'une et de l'autre de ces professions, mais nous croyons qu'on ne peut pas poser à cet égard une règle absolue et inflexible. Dans un certain nombre de ressorts de tribunaux de première instance, il n'y a pas d'avocats : dans d'autres, le nombre des avoués est si peu considérable, que le choix serait difficile. Il nous semble qu'on doit laisser plus de latitude au tribunal chargé de faire la nomination. Nous sommes d'avis que les anciens magistrats, les anciens avocats, les anciens avoués, les notaires et les anciens notaires peuvent être désignés aussi bien que les avoués et les avocats en exercice. Peut-être même y a-t-il un certain avantage à choisir des hommes qui, après avoir acquis dans ces diverses fonctions l'expérience nécessaire, jouissent de loisirs dont ils s'estimeront heureux de consacrer une partie à cette mission charitable. — Cependant nous pensons que, dans les siéges où le nombre des avocats est de quinze au moins, on peut considérer comme certain que le barreau et la compagnie des avoués fourniront au bureau d'assistance des membres honorables et utiles ; et nous vous proposons de décider qu'alors il y aura nécessairement, dans le bureau établi près le tribunal civil, un avocat et un avoué ; mais leur nomination doit, en ce cas, émaner du conseil de discipline de ces corporations. C'est un tribut d'estime et de confiance qu'il est convenable de leur offrir. Dans cette situation, le troisième membre sera seul choisi par le tribunal ; dans toute autre, le tribunal nommera trois légistes.

21. D'après le projet du Gouvernement, le nombre des membres du bureau est le même devant toutes les juridictions : en première instance, en appel, en cassation, il est constamment de cinq. Nous croyons que, devant les juridictions supérieures, on doit l'augmenter et le porter à sept. Notre opinion ne s'appuie pas seulement sur des considérations de convenance et de dignité, elle repose aussi sur l'importance plus grande des affaires, sur la somme plus considérable à laquelle s'élèvent ordinairement les frais, et sur la facilité plus certaine de faire de bons choix. Il faut ajouter que, d'après une disposition du projet de la commission dont nous vous parlerons bientôt, le bureau établi près la Cour d'appel peut, dans un cas déterminé, avoir à statuer sur un recours formé contre la décision du bureau établi près du tribunal civil (art. 12, § 3), et que, par conséquent, le premier doit être plus nombreux que le second.

22. Quant au choix des membres des bureaux établis près des juridictions supérieures, le projet de votre commission contient des règles analogues à celles que je viens de vous exposer relativement aux bureaux établis près des tribunaux civils dans les villes où il existe au moins quinze avocats inscrits au tableau. S'agit-il d'un bureau établi près d'une Cour d'appel ? Des cinq légistes, deux sont choisis par la Cour dans les catégories ci-dessus indiquées, deux par le conseil de discipline de l'ordre des avocats, et un par la chambre de discipline des avoués à la Cour.

23. S'agit-il du bureau établi près la Cour de cassation et du bureau établi près du conseil d'Etat? Chacun de ces corps, en assemblée générale, nomme trois des légistes, les deux autres sont nommés par le conseil de discipline de l'ordre des avocats au conseil d'Etat et à la Cour de cassation. Seulement, les aptitudes légales ne sont pas les mêmes que près des tribunaux civils et des Cours d'appel. A la Cour de cassation, ce sont les anciens membres de la Cour, les avocats et les anciens avocats à la Cour de cassation et au conseil d'Etat, enfin les professeurs et anciens professeurs en droit, qui sont éligibles, parce que la mission du bureau consiste surtout à examiner des questions de droit, pour apprécier les chances de succès du pourvoi en cassation. Au conseil d'Etat ce sont (outre les avocats au conseil) les anciens conseillers d'Etat, les anciens maîtres des requêtes et les anciens préfets, parce que la connaissance du droit administratif est d'une haute importance.

24. A tous les bureaux, l'administration des finances aura deux représentants.

25. Nous vous proposons d'introduire une règle qui ne se trouve pas dans le projet du Gouvernement. Il est probable qu'à Paris, et dans quelques autres grands centres de population, le nombre des demandes d'admission à l'assistance judiciaire sera trop considérable pour qu'un bureau composé d'une seule section puisse y suffire. Nous croyons que la loi doit obvier à cette difficulté, en déclarant que le bureau pourra, en vertu d'une décision du ministre de la justice, prise sur l'avis du tribunal ou de la Cour, être divisé en plusieurs sections, dont chacune sera composée de la même manière que le bureau entier l'est dans les autres localités. Quant aux bureaux établis près de la Cour de cassation et près du conseil d'Etat, nous pensons qu'il n'y a pas à craindre d'encombrement.

26. D'après le projet du Gouvernement, le bureau est présidé par le procureur de la République ou le procureur général, ou, en son absence, par celui de ses membres que le bureau désigne. Si vous adoptez l'avis de votre commission, d'après lequel les officiers du ministère public ne doivent pas faire partie du bureau, il faudra décider, d'une manière absolue, que chaque bureau ou chaque section nommera son président. C'est ce que nous avons l'honneur de vous proposer. Relativement aux fonctions de secrétaire, nous adoptons la pensée du Gouvernement, qui les confie aux greffiers des Cours et des tribunaux, au secrétaire général du conseil d'Etat ou à leurs subordonnés.

27. Le projet du Gouvernement, d'après lequel tous les bureaux doivent uniformément être composés de cinq membres, porte que le nombre de trois (c'est-à-dire la moitié plus un) est nécessaire pour délibérer. Nous vous proposons une disposition analogue, et dont la rédaction s'appliquera tant aux bureaux composés de cinq membres qu'à ceux qui seront composés de sept. Le bureau ne peut délibérer qu'autant que *la moitié plus un de ses membres sont présents, non compris le secrétaire, qui n'a pas voix délibérative.*—Il nous paraît convenable de déclarer qu'en cas de partage, la voix du président sera prépondérante, disposition qui ne se trouve pas dans le projet du Gouvernement.

28. Enfin, nous croyons qu'il faut que les membres du bureau, autres que les délégués de l'administration, soient renouvelés chaque année, mais qu'ils soient rééligibles. C'est pour tout le monde un honneur que de faire partie d'un bureau qui rend des services gratuits aux pauvres; mais pour les hommes très-occupés dans leur profession, cet honneur deviendrait à la longue un fardeau. On éprouverait une sorte d'embarras à résigner des fonctions charitables; mais on peut avoir le désir de s'en trouver déchargé après un certain laps de temps, et de les voir passer en d'autres mains. Les tribunaux et les corporations, que le projet de la commission charge de choisir les membres du bureau, pourront, lors du renouvellement annuel, avoir égard aux convenances personnelles, en même temps qu'à l'intérêt public.

29. Art. 8 *du projet de la commission.* — Cet article correspond aux art. 3 et 8 du projet du Gouvernement (1); mais il en diffère beaucoup.

Dans le système de la commission, la procureur de la République ne fait pas partie du bureau, mais c'est à lui que la demande à fin d'admission de l'assistance doit être adressée, et il en fait la remise au bureau. Plusieurs considérations nous ont

---

(1) Voici le texte de ces articles : « Art. 3. Il est statué sur la demande d'admission à l'assistance par le bureau établi dans l'arrondissement où siége le tribunal compétent pour statuer sur la demande, s'il s'agit d'une instance nouvelle ; — par le bureau du lieu où siége la Cour ou le tribunal d'appel, s'il s'agit d'un appel à former. — Art. 8. Le bureau prend toutes les informations qui lui sont nécessaires pour s'éclairer sur l'indigence du demandeur. — Il examine sommairement l'affaire, invite la partie adverse à se présenter, l'admet soit à contester l'indigence du réclamant, soit à fournir des explications sur le fond et sur les circonstances du litige, et cherche à concilier les parties dans les cas où une tentative de conciliation est possible. »

déterminés à adopter cette marche. D'abord, on trouve toujours au parquet un magistrat qui peut recevoir le public et lui donner des indications utiles ; si ce n'est pas le procureur de la République, c'est le substitut. Ainsi, lorsqu'un indigent vient de la campagne à la ville où siége le tribunal, pour apporter sa demande en assistance, il a la certitude de ne pas faire un voyage en pure perte : il se rend au parquet ; il y aura là quelqu'un qui recevra cette demande, l'enregistrera et donnera à cet homme la direction dont il a besoin. Si l'indigent ne peut pas ou ne veut pas se transporter au chef-lieu, il confiera sa demande et ses pièces au maire de sa commune, qui l'enverra au procureur de la République, avec lequel il jouit de la franchise du port des lettres. Cette franchise (nous le dirons ici par occasion et une fois pour toutes) est d'une grande utilité, non-seulement pour faire parvenir la demande à sa destination, mais encore pour la suite de l'instruction à laquelle cette demande donne lieu. Ce sont là des détails qui peuvent, au premier coup d'œil, paraître petits ; mais il n'y a rien de petit lorsqu'il s'agit de ménager la bourse du pauvre et de lui donner la possibilité d'obtenir justice. Enfin, il est utile que la demande soit adressée par l'officier du ministère public au bureau : ce fait constitue pour le bureau une sorte de mise en demeure morale ; c'est un préservatif contre la négligence dans laquelle tombent quelquefois les hommes même les plus honorables. — Ce premier point ainsi expliqué, nous passons à un autre, peut-être plus important encore.

30. Quel est le bureau compétent pour statuer sur la demande en assistance ? Le projet du Gouvernement et celui de la commission s'accordent à répondre que c'est le bureau établi près du tribunal qui doit connaître du procès. Le bon sens veut qu'il en soit ainsi. Si la personne qui demande l'assistance est défenderesse, elle ne peut s'en plaindre, car alors ce bureau est presque toujours celui de son domicile. Si, au contraire, elle est demanderesse, il serait injuste que la décision fût rendue par le bureau de son domicile, au lieu de l'être par le bureau du domicile du défendeur ; car celui-ci a la facilité de comparaître devant le bureau pour combattre la demande en assistance (art. 11 du projet de la commission). S'il veut user de cette facilité, il ne faut pas qu'il soit obligé à un déplacement long et coûteux, ce qui aurait lieu s'il devait se transporter dans le pays où son adversaire est domicilié ; ce serait contrevenir à la maxime que le défendeur ne doit pas être distrait de ses juges naturels. La règle qui est proposée par les deux projets est donc bien fondée.

Cependant si l'on s'en tenait au projet du Gouvernement, le demandeur en assistance pourrait éprouver des difficultés si grandes, qu'elles rendraient souvent illusoire le bénéfice de la loi. Supposons qu'un indigent demeure à une des extrémités de la France, et qu'il ait à intenter une action contre un individu domicilié à l'autre extrémité; lui sera-t-il possible de faire le voyage pour aller remettre au parquet du tribunal compétent sa demande et ses pièces? Pourra-t-il du moins correspondre utilement pour cette affaire? Il est évident que non. Ajoutons qu'un tel état de choses compromettrait non-seulement les intérêts des véritables indigents, mais encore l'intérêt public. Comment veut-on, en effet, qu'à une si grande distance, le bureau puisse prendre des renseignements utiles sur la réalité de l'indigence alléguée?

Ces raisons nous ont fait penser que, tout en conservant le principe du projet du Gouvernement, relativement à la compétence du bureau, il fallait établir un mode spécial d'instruction pour le cas où le demandeur ne serait pas domicilié dans le ressort du tribunal compétent pour statuer sur le litige. Alors, d'après l'art. 8 du projet de la commission, le réclamant remet sa demande et ses pièces au procureur de la République du tribunal de son domicile. Ce magistrat en saisit le bureau établi près de ce tribunal. Le bureau recueille des informations tant sur l'indigence alléguée que sur le fond, et envoie, par l'intermédiaire du procureur de la République, au bureau compétent, le résultat des renseignements qu'il a recueillis. A ce moyen, ce dernier bureau se trouve nanti d'une instruction préliminaire toute faite et d'un dossier complet; il ne lui reste plus qu'à entendre le défendeur, si celui-ci juge à propos de se présenter devant lui, et à examiner si la demande est plausible.

Objectera-t-on qu'il y a là une complication qui peut entraîner des retards? Votre commission croit précisément le contraire. Si le demandeur en assistance était tenu de s'adresser à un bureau éloigné de son domicile, il y aurait nécessairement des correspondances d'où il résulterait beaucoup plus de lenteurs; car il faudrait que le bureau écrivît dans le pays où demeure le réclamant, non-seulement pour s'éclairer sur sa situation pécuniaire, mais encore pour demander des pièces et des explications sur les faits. L'expérience apprend que les pauvres ont bien rarement en leur possession les titres et documents nécessaires pour établir leurs droits, et que presque toujours les explications qu'ils donnent au début d'une affaire sont très-incomplètes. Il y a donc un très-grand avantage, même sous le rapport de l'éco-

nomie du temps, à faire l'instruction préliminaire dans le lieu
où réside le demandeur en assistance. Il s'établit entre lui et le
bureau des communications verbales qui, en quelques instants,
produisent plus de fruit que ne pourraient le faire une multitude
de lettres. — Nous pensons que c'est ainsi qu'il faut procéder,
lorsque l'assistance est réclamée pour la première fois dans une
affaire, soit qu'il s'agisse de plaider en première instance, soit
qu'il s'agisse d'un appel ou d'un pourvoi en cassation.

31. Le demandeur en assistance doit toujours s'adresser par
l'intermédiaire du procureur de la République au bureau établi
près le tribunal civil de son domicile. Les inconvénients qui
viennent d'être signalés s'appliqueraient à une demande qui
serait portée directement devant le bureau établi près d'une Cour
d'appel ou près la Cour de cassation. D'ailleurs, dans une affaire
compliquée, un indigent qui, à coup sûr n'est pas légiste et qui
souvent même manque absolument d'instruction, ne sait pas
quelle voie il faut prendre : est-ce celle de l'opposition, celle de
l'appel, celle de la requête civile, celle du pourvoi en cassation ?
Ne vaut-il pas mieux, au contraire, respecter la décision rendue
et intenter une action nouvelle ? — L'indigent ignore toutes ces
choses, il s'adresse au bureau de son domicile ; il lui demande
conseil ; il y trouve plus d'intérêt que partout ailleurs, parce
qu'on le connaît et qu'on est touché de sa situation : on lui indique ce qu'il faut faire, et on envoie les pièces au bureau compétent pour statuer sur la demande en assistance, eu égard à la
voie qu'il convient de prendre. — C'est ce que le projet de la
commission indique par ces mots de l'art. 8.... *au bureau établi
près de la juridiction compétente pour statuer sur la cause.*

Il en est autrement, lorsque l'assistance a déjà été accordée
dans l'instance qui a existé dans la juridiction inférieure. Alors
la question d'indigence est éclaircie ; et, de plus, l'indigent a été
pourvu d'un avoué et d'un avocat, auprès desquels il peut trouver
de bonnes directions. Si donc il a perdu son procès et qu'il ait
l'intention d'appeler ou de se pourvoir en cassation, il n'y a pas
de raison pour que le bureau établi près de la Cour d'appel ou
près de la Cour de cassation ne soit pas directement saisi. C'est à
ce cas que s'applique le dernier paragraphe de l'art. 9 dont nous
allons nous occuper dans un instant.

Ainsi la distinction est facile à saisir : l'art. 8 concerne l'individu qui n'a pas encore été admis à l'assistance, et l'art. 9,
celui qui, ayant été déjà admis, veut procéder devant une juridiction supérieure.

32. Art. 9 *du projet de la commission.* — Le premier paragraphe de cet article établit une règle qu'on ne trouve pas dans le projet du Gouvernement et qui ne nous paraît susceptible d'aucune objection. Une personne a été admise à l'assistance, l'action est intentée ; un déclinatoire est proposé et admis, puis la cause est portée devant une autre juridiction de même nature et de même ordre ; faudra-t-il une nouvelle décision pour que la personne qui avait obtenu le bénéfice de l'assistance continue d'en jouir? Non, parce que la cause n'a pas changé de face. — Il en serait autrement si, par suite de la déclaration d'incompétence, l'affaire se trouvait dévolue à une juridiction d'une autre nature ou d'un autre ordre, parce qu'alors la différence de la juridiction pourrait influer sur la solution probable de la question du fond. On sait par exemple que, lorsque la justice ordinaire se déclare incompétente, en reconnaissant que la contestation est du ressort du contentieux administratif, les chances du procès sont loin de rester les mêmes. Les frais varient aussi beaucoup selon les diverses espèces de juridiction. La question de savoir s'il y a lieu d'accorder l'assistance doit donc, dans ce dernier cas, être examinée de nouveau.

33. Le second paragraphe de l'art. 9 de la commission adopte les dispositions de l'art. 4 du projet du Gouvernement, portant que celui qui a été admis à l'assistance devant une première juridiction continue à en jouir sur l'appel, ou sur le pourvoi en cassation formé contre lui. On trouve, en matière d'autorisation de commune, une règle analogue dans l'art. 49 de la loi du 18 juill. 1837. Nous avons cru devoir ajouter que, lorsque l'assisté serait intimé sur un appel principal, il conserverait le bénéfice de l'assistance, même à l'égard de l'appel incident qu'il pourrait interjeter. L'appel incident n'augmente que très-peu les frais : il arrive souvent que l'appel principal le rend nécessaire ; il peut, d'ailleurs, être émis en tout état de cause, même au moment où l'affaire est sur le point d'être jugée. Ces raisons justifient complétement l'addition que votre commission vous propose.

34. Si c'est l'assisté qui interjette un appel principal ou qui forme un pourvoi, il faut une nouvelle décision.

35. Le dernier paragraphe de l'art. 9 est d'accord sur ce point avec l'art. 4 du projet du Gouvernement (1). Seulement il expli-

____

(1) Cet article était ainsi conçu : « Celui qui a été admis devant une première juridiction à l'assistance judiciaire continue à en jouir sur l'appel ou sur le pourvoi formé contre lui. Il ne continue à en jouir sur l'appel ou sur le pourvoi qu'il forme que s'il y est admis de nouveau. »

que comment la demande doit alors être présentée ; nous l'avons déjà dit dans nos observations sur l'art. 8.

36. Art. 10. Il est conforme à l'art. 7 du projet du Gouvernement, qui lui-même reproduit exactement l'art. 8 du projet du Conseil d'Etat. Dans la discussion qui a eu lieu devant ce conseil, il a été reconnu que l'assistance judiciaire ne pouvait être demandée que par les particuliers et jamais par les communes ni par les établissements de bienfaisance. On a considéré la rédaction de l'article comme exprimant suffisamment cette règle ; nous partageons cette opinion.

37. Art. 11 *du projet de la commission*. — Il correspond à l'art. 8 du projet du Gouvernement ; mais la commission y a introduit plusieurs amendements.

1° Elle ajoute au § 1 ces mots : « Si l'instruction déjà faite par le bureau du domicile du demandeur, dans le cas prévu par l'art. 8 ne lui fournit pas, à cet égard, des documents suffisants.» — Cette addition est la conséquence naturelle du mode de procéder que la commission vous propose par son art. 8.

38. 2° Du second paragraphe, nous croyons qu'on doit retrancher ces mots : *il examine sommairement l'affaire*. L'examen ne doit pas être *sommaire*, il doit être fait avec la maturité convenable ; ce qui doit être *sommaire*, c'est l'exposé des faits et des moyens, comme nous le dirons bientôt. *Par examen sommaire*, on a probablement entendu, dans le projet du Gouvernement, que le bureau n'était pas juge du fond, et qu'il *l'examinait* seulement pour apprécier si la cause du demandeur en assistance était plausible ; si telle est la pensée du projet du Gouvernement, elle est juste : mais, d'une part, elle n'est pas bien exprimée, et de l'autre, il est superflu de l'exprimer, car elle ressort clairement de l'ensemble du projet de loi et de la nature même des choses.

39. 3° Dans ce second paragraphe (1) nous vous proposons de remplacer les mots : *et cherche à concilier les parties dans tous les cas où une tentative de conciliation est possible... par ceux-ci : Si elle (la partie adverse) comparaît, le bureau emploie*

---

(1) Ce deuxième paragraphe du projet se terminait ainsi : « ... Il invite la partie adverse à se présenter, l'admet soit à contester l'indigence du *réclamant*, soit à fournir des explications sur le fond et sur les circonstances du litige, et cherche à concilier les parties dans tous les cas où une tentative de conciliation est possible ». — La rédaction nouvelle appartient à la commission.

ses bons offices pour amener un arrangement amiable... C'est la
conséquence de la pensée développée dans la première partie de
ce rapport, que le bureau d'assistance ne peut pas être un bureau officiel de conciliation, et que, si les parties comparaissent
devant lui, il doit sans doute s'efforcer d'amener un arrangement
amiable, mais d'une manière officieuse. Il n'y a donc ni procès-
verbal de conciliation à dresser, ni mention de non-conciliation
à faire dans la décision. Si les parties s'accordent, le bureau
peut ou s'occuper de la rédaction d'une transaction, dans le cas
où elles en exprimeraient le désir, ou les inviter à se retirer à
cet effet chez un notaire. La loi n'a rien à prescrire à ce sujet,
parce que le bureau ne peut agir en pareil cas que comme conseil ou intermédiaire bénévole.

4° Par les mêmes raisons, votre commission croit qu'aux mots :
Il (le bureau) invite la *partie adverse à se présenter...* On doit
substituer ceux-ci : *Il donne avis à la partie adverse qu'elle
peut se présenter devant lui...* Afin de bien faire comprendre que
ce n'est là, pour la partie adverse, qu'une faculté et non une
obligation légale ni même morale.

40. En général, on doit s'attacher à ce principe : que l'assistance judiciaire n'est qu'une exemption de droits fiscaux et honoraires, mais qu'elle ne peut sous aucun rapport, changer la situation
respective des deux parties plaidantes.

41. Nous dirons ici, une fois pour toutes, que les dispositions
du projet embrassent le cas où l'individu qui réclame l'assistance est défendeur, aussi bien que celui où il est demandeur.

42. *Art.* 12 *du projet de la commission.* D'après ce que nous
avons dit sur l'article précédent, les deux derniers paragraphes
de l'art. 9 du projet du Gouvernement, qui correspond à l'art. 12
de la commission, doivent être entièrement supprimés, puisque
ces deux paragraphes ont pour objet de conférer au bureau d'assistance les fonctions de bureau de conciliation, et de le substituer
à cet égard au juge de paix.

Il nous reste à parler des autres paragraphes. — Le projet du
Gouvernement porte que *les décisions du bureau ne sont pas
motivées.* Nous adoptons, en principe, cette disposition, parce
que l'appréciation que le bureau fait du fond des procès n'a rien
d'absolu ; en accordant l'assistance, le bureau n'affirme pas que
la cause est bonne, mais seulement qu'elle offre des apparences
favorables. — Toutefois, nous croyons que, si la loi se bornait à
dire que les décisions ne sont pas motivées, elle ne ferait pas
assez pour l'intérêt légitime du demandeur en assistance. La

plupart des bureaux en concluraient que la décision ne doit consister que dans ces mots l'*assistance* est accordée... ou l'*assistance* est refusée. Alors le travail tout entier du bureau serait perdu pour le réclamant. Cependant ce travail peut être fort utile. En général, le bureau, avant de prononcer, aura entendu les explications du demandeur en assistance ; souvent même, il aura recueilli des renseignements auprès des tierces personnes ; si la partie adverse a comparu devant lui, il aura pris connaissance de ses moyens de défense ; il aura peut-être vu les pièces qu'elle peut élever à la prétention élevée contre elle ; enfin, il aura étudié l'affaire sous le rapport du droit et de la jurisprudence. S'il ne restait pas de traces de toutes ces notions utiles que le bureau aura ordinairement acquises, il faudrait le regretter. En cas d'admission de la demande en assistance, le travail du bureau peut servir à éclairer l'avocat et l'avoué de l'assisté, et, par conséquent, à rendre plus nette et plus précise la discussion de l'affaire devant le tribunal. En cas de rejet de cette demande, il est bon que l'assisté connaisse ce travail, qui contribuera souvent à dissiper les illusions funestes qu'il se fait sur sa cause. Nous ajouterons que l'obligation imposée par la loi au bureau de se livrer à la rédaction dont il s'agit, l'amènera nécessairement à examiner la cause d'une manière plus approfondie. Votre commission pense donc que l'avis du bureau doit présenter un exposé sommaire de la cause, comme celui que ferait un rapporteur. C'est dans ce sens qu'est rédigé le premier paragraphe de son article 12.

43. Le projet du Gouvernement porte que les *décisions du bureau ne sont susceptibles d'aucun recours*. Nous donnons notre adhésion à cette disposition ; mais nous croyons qu'il convient de la limiter par une exception. Cette exception consiste à investir le procureur général du droit de déférer au bureau établi près de la Cour une décision prise par un bureau établi près d'un tribunal inférieur. Il est possible que, dans certains bureaux, il se manifeste des tendances contraires à l'esprit de la loi ; que les demandes à fin d'assistance soient accueillies trop facilement ou repoussées mal à propos. Dans ces cas, le procureur général aura un moyen d'obtenir le redressement des erreurs commises, et de faire rentrer dans la bonne voie le bureau qui s'en serait écarté. — Lorsque le procureur général veut user de ce droit, il se fait envoyer la décision ; il a aussi la faculté de se la faire envoyer, lorsqu'il s'agit d'admettre l'assistance en appel et que le bureau établi près de la Cour d'appel en fait la demande. L'exposé des faits et des moyens contenus dans cette décision peut servir à éclairer ce bureau. Il en est de même devant la Cour de cassation.

44. Sauf les cas qui viennent d'être exprimés, la communication des décisions du bureau d'assistance ne doit avoir lieu que sans déplacement ; elle ne peut être faite qu'au procureur de la République, à la personne qui a demandé l'assistance et à ses conseils ; et ses décisions ne doivent être ni produites ni discutées en justice, si ce n'est devant le tribunal de police correctionnelle dans le cas prévu par l'art. 26.

45. Le but de cet ensemble de dispositions est d'empêcher que la décision du bureau ne devienne le sujet d'un débat à l'audience entre l'assisté et son adversaire, et que le tribunal ne se la fasse apporter dans la chambre du conseil. Il ne faut pas que l'autorité du bureau puisse faire pencher la balance de la justice en faveur de l'assisté ; il ne faut pas même qu'on puisse le croire ou le soupçonner. Si la décision contient des observations de fait ou de droit qui puissent être utiles à la cause de l'assisté, l'avocat de ce dernier en profitera ; mais il les présentera comme si elles émanaient de lui-même. — La règle que *la décision ne sera ni produite ni discutée en justice* doit nécessairement recevoir exception dans le cas prévu par l'art. 26, où, après le retrait de l'assistance, l'assisté est poursuivi en police correctionnelle comme ayant obtenu l'assistance par *une déclaration frauduleuse relative à son indigence*. Alors, la décision par laquelle l'assistance avait été accordée et celle par laquelle elle a été retirée deviennent des pièces nécessaires du procès.

46. *Art.* 13 *du projet de la commission.* — Cet article correspond à l'art. 10 du projet du Gouvernement, dans lequel la Commission vous propose d'introduire les modifications suivantes : — 1° Ce n'est pas la décision dans toute son étendue, mais un *extrait* de cette décision *portant seulement que l'assistance* est accordée, qui doit être envoyé par le bureau *au président de la Cour,* ou *du tribunal,* ou *au juge de paix ;* c'est la conséquence de la disposition des deux derniers paragraphes de l'art. 12 du projet de la commission. — 2° Nous croyons qu'en parlant de la réquisition qui doit être adressée au bâtonnier des avocats, au président de la chambre des avoués et au syndic des huissiers, il est plus convenable de se servir du mot *invite* que du mot *enjoint.* — 3° La loi doit prévoir le cas où il n'existe pas de bâtonnier de l'ordre des avocats et celui où n'y a pas de chambre de discipline des avoués ; alors la désignation de l'avocat ou de l'avoué est faite par le magistrat. — 4° Nous pensons que, lorsque l'affaire est portée devant un juge de paix ou un tribunal de commerce, la désignation d'un avocat n'est pas nécessaire. Il suffit, en général, que la partie se présente elle-même à l'audience. Si, par exception, la cause offrait des difficultés telles que le ministère d'un avocat fût nécessaire, ce ne serait certainement pas en vain que l'assisté s'adresserait au bâtonnier de l'ordre.

47. *Art. 14 du projet de la commission.*—Il répond à l'art. 11 du projet du Gouvernement ; mais la commission vous propose de modifier ce dernier article dans le sens des observations et des distinctions faites ci-dessus, relativement aux droits d'enregistrement *des actes et titres produits par l'assisté pour justifier de ses droits et qualités.*—En outre, la commission est d'avis de supprimer le dernier paragraphe de l'art. 11 du projet du Gouvernement, ainsi conçu : « Après l'ouverture de l'instance, dans le cas de transaction ou de désistement, tous les frais déjà faits deviennent exigibles ». — L'effet de cette disposition serait de détourner l'assisté de transiger et de se désister ; son intérêt le pousserait à persister dans le procès : or, il ne nous paraît conforme ni à l'équité ni à celui des deux parties de mettre obstacle, soit à une transaction, lorsque l'instruction ou les débats oraux établissent que la solution est douteuse, soit à un désistement, lorsqu'il est prouvé, par la production d'une pièce ou par toute autre circonstance, que la prétention de l'assisté est dénuée de fondement.

Enfin, dans le dernier paragraphe de l'article de la commission, on trouve deux changements de pure rédaction : 1° Le projet du Gouvernement ne parle pas des *honoraires* des experts ; il faut remarquer cette omission. 2° Il suppose que, dans les enquêtes, il y a toujours un juge-commissaire ; mais, dans les affaires sommaires et dans les affaires de commerce, les enquêtes se font à l'audience (C. proc., art. 407 et 432); il faut donc que la disposition dont il s'agit porte : *par le tribunal* ou *par le juge-commissaire.* Le mot *transport*, dans ce paragraphe, s'applique aux *voyages* des huissiers aussi bien qu'au déplacement des magistrats.

48. *Art. 15 et 16 du projet de la commission.* — Ils sont conformes aux art. 12 et 13 du projet du Gouvernement.

49. *Art. 17 du projet de la commission.*—Cet article ne diffère de l'art. 14 du projet du Gouvernement que par le retranchement des mots... *dans les instances énoncées à l'art. 10.* — Ces mots se trouvent dans l'art. 14 du projet du Conseil d'État, et ils sont l'expression d'une pensée qui n'a été adoptée ni par le Gouvernement ni par votre commission. Les art. 10 et 11 du projet du Conseil d'Etat distinguent, comme nous l'avons déjà dit, deux sortes de contestations : 1° celles qui ont pour objet une valeur quelconque mobilière ou immobilière (art. 10); 2° celles qui n'ont pas pour objet une valeur mobilière ou immobilière, ou qui portent sur une pension alimentaire (art. 11).

Le Conseil d'Etat veut que, dans les dernières, la remise des droits fiscaux accordée à l'assisté soit absolue et définitive, que les actes de procédure faits à sa requête soient dispensés du timbre et enregistrés gratis... « De là (dit le Conseil d'Etat) il résulte que, si la partie adverse succombe, elle est elle-même affranchie du paiement des droits de timbre et d'enregistrement relatifs aux actes faits à la requête de l'assisté. » (Rapp. Cons. d'Etat, p. 20).

Dans les contestations de la première espèce, au contraire, le projet du Conseil d'Etat ne considère la dispense provisoire accordée à l'assisté de payer les droits de timbre et d'enregistrement, ainsi que les honoraires et émoluments de ses conseils, que comme un crédit qui lui est fait par le Trésor et par les officiers publics, pendant la durée de l'instance. En conséquence, si l'assisté a gagné son procès, l'art. 14 du projet du Conseil d'Etat décide que sa partie adverse paiera les droits, honoraires et émoluments dont il s'agit; et cet art. 14 emploie les mots... *dans les instances énoncées en l'art.* 10, afin de faire comprendre qu'il en est autrement dans les instances énoncées en l'art. 11.

Le projet du Gouvernement et celui de la commission ayant embrassé un système différent, les expressions que nous venons de citer n'ont plus de sens, et c'est par erreur qu'on les a laissées dans l'art. 14 du projet du Gouvernement.— Nous répétons à ce sujet que, selon nous, l'assistance ne doit rien changer à la situation de la partie adverse de l'assisté. En appliquant ce principe aux dépens, on trouve que cette partie adverse, si elle est condamnée, doit payer les dépens, comme s'il n'y eût pas eu d'assistance ; de même que, dans le cas où elle obtient gain de cause, ses droits contre l'assisté, relativement aux dépens, sont exactement ce qu'ils auraient été, si celui-ci n'avait pas été admis au bénéfice de l'assistance.

50. *Art.* 18 *du projet de la commission.*—Cet article est semblable à l'art. 15 du projet du Gouvernement, sauf une modification de rédaction que nous vous proposons d'introduire dans le dernier paragraphe. — Ce paragraphe, dans le projet du Gouvernement, est ainsi conçu : « La créance du Trésor est *privilégiée* pour les avances qu'il a faites, ainsi que pour tous droits de greffe, d'enregistrement et de timbre. » — Nous ne croyons pas que l'intention des rédacteurs de ce projet ait été d'accorder au Trésor *un privilége de créance* de la nature de celui que la loi du 5 sept. 1807 a établi en matière de frais de justice criminelle, et il est évident qu'un tel privilége ne pourrait se justifier. Ce qu'on a voulu dire, c'est que, si l'administration de l'enregistrement, agissant dans l'intérêt commun du Trésor et des officiers publics, n'était parvenue à recouvrer qu'une partie du montant de l'exécutoire, la créance du Trésor aurait la préférence sur celle des autres ayants droit. Votre commission est d'avis qu'en effet les choses doivent se passer ainsi; mais elle pense qu'il faut l'exprimer plus clairement.

Il est bien entendu que ce que nous venons de dire ne préjudicie en rien au privilége établi par l'art. 76 de la loi du 28 avril 1816 pour les droits de timbre et d'enregistrement.

51. *Art. 19 du projet de la commission.* — Cet article ne fait qu'appliquer au cas où l'assisté a perdu son procès les règles tracées par l'article précédent; il nous a semblé que le projet du Gouvernement présentait à cet égard une lacune qu'il fallait combler.

52. *Art. 20 du projet de la commission.* — Il est conforme à l'art. 16 du projet du Gouvernement.

53. *Art. 21, 22, 23, 24, 25 et 26 du projet de la commission.* —Nous réunissons ici les observations relatives à ces six articles qui forment le chap. 3 du projet de loi, et qui correspondent aux art. 17, 18, 19, 20, 21 et 22 du projet du Gouvernement. Il nous a semblé que ceux-ci présentaient un peu de confusion. Il s'agit ici du *retrait de l'assistance judiciaire.* Nous croyons que la loi doit d'abord déterminer les causes du retrait, puis la manière dont ce retrait peut être prononcé, ensuite ses effets sous le rapport des intérêts civils, enfin les suites qu'il peut avoir sous le rapport de la pénalité. C'est dans cet ordre que nous avons procédé.

54. L'art. 21 du projet de la commission spécifie deux causes de retrait : 1° s'il survient à l'assisté des ressources suffisantes; 2° s'il a surpris la décision du bureau par une déclaration *frauduleuse.* — Le projet du Gouvernement (art. 18 et 19) admet les deux mêmes causes. Seulement, au lieu de l'expression *frauduleuse*, il emploie l'expression *mensongère.* La première nous paraît plus nette ; elle indique qu'il ne suffit pas que l'assisté ait induit le bureau en erreur, mais encore qu'il faut que ce soit sciemment et de mauvaise foi qu'il agit. Les plaideurs, surtout ceux qui manquent d'instruction (et la plupart des indigents se trouvent dans ce cas), se font souvent illusion sur les droits qu'ils réclament; ils trompent les autres, parce qu'ils se trompent eux-mêmes, et sans qu'il y ait de leur part une intention répréhensible. Votre commission pense que l'assisté ne doit encourir le retrait de l'assistance que lorsque l'exposé qu'il a fait au bureau, soit de sa situation pécuniaire, soit des faits de la cause, a été non-seulement inexact, mais encore *frauduleux*.

55. Le projet du Gouvernement ajoute une troisième cause du retrait; elle a lieu : *si l'on acquiert la conviction que l'instance n'est pas fondée.* — Nous croyons qu'il serait beaucoup trop sévère d'admettre cette cause de retrait. Ce serait porter un coup funeste à la cause de l'assisté. Lorsqu'on verrait que l'assistance, après lui avoir été accordée, lui a été retirée, sans qu'il y ait eu de changement dans l'état de sa fortune, il s'élèverait contre lui un préjugé presque insurmontable, et le bienfait qu'il aurait obtenu dans l'origine lui deviendrait fatal. Il faut réserver une telle rigueur pour le cas de *fraude*, parce qu'alors l'assisté encourt justement la peine de sa mauvaise foi.

56. Le projet de la commission porte que l'assistance peut être retirée *en tout état de cause, soit même après le jugement.* Cette dernière partie de la disposition... *soit même après le jugement* est facile à justifier. D'un côté, le jugement, s'il est favorable à l'assisté, peut faire cesser son indigence en lui rendant des ressources importantes, et de l'autre, s'il est rendu contre lui, il peut fournir la preuve de la fraude employée pour tromper le bureau. Dans ces deux hypothèses, il est possible que le jugement devienne une cause légitime de retrait de l'assistance.

Le projet du Gouvernement (art. 17 et 20) exprime à cet égard des idées à peu près semblables à celle du projet de la commission. Seulement il semble supposer que l'assistance ne doit être retirée *après jugement* que... *si la partie assistée a été condamnée aux dépens en tout ou en partie, et si, en outre, elle est revenue à bonne fortune* (art. 20).

Nous pensons que ces restrictions ne peuvent se justifier. En effet : 1° Supposons que l'assisté ne soit pas revenu à bonne fortune, mais que le jugement fasse connaître qu'il a *frauduleusement* surpris la décision du bureau, est-ce que le retrait du bénéfice de l'assistance ne devrait pas être prononcé? 2° Supposons que l'assisté ait gagné son procès, que son adversaire ait été condamné à tous les dépens, que l'assisté soit devenu riche par l'effet du jugement qui le fait rentrer dans un bien dont il avait été dépouillé, et que, par le même événement, son adversaire soit devenu insolvable, n'est-il pas juste que l'assisté paie ce qui

4.

est dû au Trésor et à ses conseils ? — Par ces raisons, la rédaction que nous vous proposons nous paraît préférable à celle du projet du Gouvernement.

57. L'art. 23 du projet de la commission porte que le retrait peut être demandé par le ministère public ou par la partie adverse, et qu'il peut aussi être prononcé d'office par le bureau. Les art. 17 et 18 du projet du Gouvernement contiennent des dispositions semblables.

58. Le second paragraphe de l'art. 17 du projet du Gouvernement doit être supprimé, dans le système de la commission, puisque l'art. 12 de son projet donne au procureur général un droit qui rend inutile celui dont il s'agit dans ce paragraphe.

59. Les art. 22 et 23 du projet de la commission sont semblables aux art. 20 et 21 du projet du Gouvernement.

L'art. 24 du projet de la commission contient une disposition qui ne figure pas dans le projet du Gouvernement, mais qui nous paraît nécessaire. Elle concerne la prescription *de l'action tendant au recouvrement de l'exécutoire délivré à la régie, soit contre l'assisté, soit contre sa partie adverse.* Nous vous proposons de fixer cette prescription à dix ans.

60. Quant à la prescription de l'action de l'adversaire de l'assisté contre celui-ci, pour les dépens auxquels il a été condamné, elle doit rester dans les termes du droit commun, par la raison déjà indiquée plusieurs fois, que l'assistance ne change en rien les rapports des parties entre elles.

61. L'art. 26 du projet de la commission est relatif à l'action correctionnelle contre l'assisté qui a trompé le bureau par une déclaration frauduleuse. Les paragraphes 2 et 3 de l'art. 19 du projet du Gouvernement s'appliquent à cet objet. Nous vous proposons de les adopter avec une restriction consistant à n'imprimer à la déclaration frauduleuse le caractère de délit qu'autant qu'elle porte sur l'*indigence.* Alors, en effet, elle est plus excusable que lorsqu'elle concerne les faits du procès, parce que, dans ce dernier cas, ainsi que nous l'avons déjà dit, les fausses allégations prennent quelquefois en partie leur source dans des illusions. L'assisté qui aura sciemment induit le bureau en erreur sur les faits du procès sera suffisamment puni par le retrait de l'assistance ; mais celui qui l'aura sciemment induit en erreur sur l'état de sa fortune, c'est-à-dire sur un fait matériel, sera soumis à une peine correctionnelle.

62. Le projet du Gouvernement restreint à l'emprisonnement l'application de l'art. 563, Cod. pén. Cette restriction ne nous parait pas justifiée, et en conséquence, nous vous proposons de retrancher les mots : *en ce qui concerne l'emprisonnement.*

63. *Art. 27 du projet de la commission.*—Il reproduit textuellement l'art. 23 du projet du Gouvernement, qui, du reste, ne fait que renvoyer à l'art. 294, C. inst. crim.

64. *Art. 28 du projet de la commission.* — Il correspond à l'art. 24 du projet du Gouvernement ; mais il n'admet que d'une manière restrictive la règle posée par cet article.

Le projet du Gouvernement porte d'une manière générale que « les présidents des tribunaux correctionnels désigneront un défenseur d'office aux prévenus qui en feront la demande et dont l'indigence sera constatée, soit par les pièces désignées en l'art. 8 ci-dessus, soit par tous autres documents. » — Ainsi tout prévenu indigent aurait nécessairement un défenseur.

Nous croyons que ce serait aller trop loin. Il y a un nombre infini d'affaires correctionnelles d'une si médiocre importance et d'une si grande simplicité, que le ministère d'un défenseur est inutile. Telles sont les causes entre parties pour des injures, des rixes ou d'autres délits analogues, et les poursuites intentées par les diverses régies dans lesquelles le fait est presque toujours prouvé par un procès-verbal, de manière à rendre toute discussion impossible. Nous pensons donc que c'est faire assez pour la liberté et les intérêts des indigents, que de décider qu'il sera nommé un défenseur aux prévenus poursuivis à la requête du ministère public ou détenus préventivement. Les causes de cette dernière nature sont assez graves pour que la nomination d'office d'un défenseur soit utile, et d'ailleurs, le prévenu étant en prison ne peut faire personnellement les démarches nécessaires pour s'en procurer un.

65. *Art. 29 du projet de la commission.* — Il reproduit l'art. 25 du projet du Gouvernement qui confère aux présidents des tribunaux correctionnels la faculté d'*ordonner* l'assignation des témoins qui leur *sont indiqués par l'accusé ou le prévenu indigent.* — L'art. 321, C. instr. crim., contient une disposition qui a de l'analogie avec celle-là : seulement c'est au procureur général que le droit dont il s'agit est attribué dans les affaires du grand criminel ; et nous saisissons avec empressement cette occasion de déclarer, d'après notre expérience, que le parquet en a constamment usé d'une manière non-seulement impartiale, mais encore large et généreuse, qu'il ne s'est jamais considéré comme l'adversaire de l'accusé, et qu'au contraire il s'est toujours souvenu de cette belle parole d'un avocat général de l'ancienne magistrature, que *l'officier du ministère public est un* *champion posé pour la défense et le triomphe de la vérité.* — Du reste, nous ne voyons aucun inconvénient à donner aux présidents, tant des Cours d'assises que des tribunaux correctionnels, l'attribution proposée.

66. *Art. 30 du projet de la commission.*—Nous avons ajouté une dernière disposition qui se justifie d'elle-même ; elle permet d'appliquer, par des règlements d'administration publique, la loi sur l'assistance judiciaire aux colonies et à l'Algérie.

67. Votre commission a examiné s'il était convenable d'admettre la partie civile à l'assistance, et elle a résolu cette question négativement. Rien n'est plus facile à la partie civile que de trouver un avocat ou un avoué qui lui rende bénévolement le service de poser des conclusions pour elle. La plaidoirie de l'avocat de la partie civile est, en général, de peu d'utilité. Enfin, si une personne lésée par un crime ou un délit n'a pas obtenu réparation devant la justice criminelle ou correctionnelle, elle peut, après la condamnation de l'auteur du crime ou du délit, intenter une action devant une juridiction civile, et, si elle est indigente, obtenir l'assistance à raison de cette action.

68. Nous avons aussi discuté la question de savoir s'il y avait lieu d'étendre le bénéfice du projet de loi aux contestations portées devant les tribunaux de simple police, les conseils de prud'hommes, les conseils de préfecture et le tribunal des conflits. Nous avons été d'avis de la négative.

A l'égard des affaires de simple police, à cause de leur peu d'importance et de leur simplicité ; à l'égard des affaires soumises aux conseils des prud'hommes, parce que déjà vous avez fait une loi qui y pourvoit suffisamment, en décidant que, dans les contestations entre patrons et ouvriers devant les conseils de prud'hommes, les actes de procédure, ainsi que les jugements et les actes nécessaires à leur exécution, seront rédigés sur papier visé pour timbre et enregistrés *en débet* ; enfin à l'égard des conseils de préfecture et du tribunal des conflits, parce qu'on y procède sans frais. Du reste, nous appliquons à ces juridictions l'observation faite ci-dessus relativement aux tribunaux de commerce et aux juges de paix. Toutes les fois qu'un indigent aura besoin de la parole ou des conseils d'un avocat, ce ne sera certainement pas en vain qu'il s'adressera au chef de l'ordre pour réclamer ce secours.

69. Vous connaissez maintenant, dans son ensemble et dans ses détails, le travail de votre commission. — Permettez-nous de terminer ce rapport par quelques considérations générales.

Dans les situations ordinaires de la vie, l'homme doit pourvoir à tous ses besoins par son travail ; et nous entendons par là, soit le travail actuel, soit les revenus, qui ne sont autre chose que le fruit d'épargnes antérieures faites sur le travail de l'individu ou de ceux qu'il représente. — Cependant il est des accidents à raison desquels la société peut légitimement accorder des secours aux personnes qui les éprouvent. Tels sont les maladies, les inondations, les incendies et d'autres désastres. Un procès dans lequel un indigent ne peut pas obtenir justice, parce qu'il est hors d'état d'en supporter les frais, est un de ces accidents qui réclament l'assistance publique.

Les lois sur l'assistance doivent, en général, suivre les indications données par la bienfaisance privée ; en prenant ces indications pour guides, le législateur est sûr de ne pas s'égarer. — Chez les nations où le christianisme éclaire la raison et échauffe le cœur, on est sûr que la charité évangélique a étudié tous les genres d'infortune et a trouvé le moyen de venir en aide à toute souffrance qui est susceptible d'être guérie ou apaisée. Cette charité est trop clairvoyante pour qu'aucune misère lui échappe, trop ingénieuse pour ne pas découvrir un remède qui s'y applique, s'il y en a un possible, trop dévouée pour reculer devant les sacrifices nécessaires à l'accomplissement d'une telle œuvre.

Ce sont donc des données sûres que celles qui sont fournies par les actes de la bienfaisance privée, et le pouvoir législatif agit sagement lorsqu'il s'y attache. Il ne fait en général que mettre le sceau à cette bienfaisance, ajouter de nouvelles ressources à celles qu'elle possédait déjà, la seconder par l'autorité de la puissance publique, et en régulariser l'action.

Un illustre et saint personnage recueillait les enfants abandonnés avant que l'État eût établi des maisons d'orphelins ; les hôpitaux étaient dotés par la charité des particuliers, avant qu'on eût songé à faire des lois et règlements pour la conservation et l'administration de leurs ressources ; les enfants pauvres étaient instruits gratuitement par les soins de personnes pieuses, de vénérables congrégations, ou de communes, avant que le législateur eût décrété l'enseignement gratuit en faveur des indigents. Nous pourrions multiplier les exemples, mais ceux que nous venons de citer suffisent pour faire comprendre et pour faire justifier notre pensée.

Tenons donc pour certain que les lois d'assistance publique, destinées à porter des fruits, sont celles qui entrent dans la voie tracée par l'assistance privée ; car l'emploi de celle-ci révèle à la fois l'existence d'un besoin réel et le moyen d'y satisfaire. Toute autre tentative ne peut guère être que de l'empirisme ; en pareille matière, il y a sans doute beaucoup à faire, mais il n'y a rien à inventer. Votre commission a été fidèle à ces principes dans le travail qu'elle vous soumet. Elle voit d'honorables corporations judiciaires mettre au service des indigents dont, après un examen attentif, la cause leur paraît bonne, leur temps, leurs soins, leur zèle, leur capacité et leur talent; elle les voit même souvent y joindre des secours pécuniaires, et elle se dit que l'Etat doit s'inspirer des mêmes sentiments de générosité et d'amour de la justice, qu'il doit aussi concilier ces sentiments avec la raison et la prudence, c'est-à-dire qu'après avoir fait vérifier, par des personnes compétentes, les titres et les moyens du pauvre, réduit à la stricte nécessité de plaider, il ne saurait hésiter à le mettre en situation de parcourir gratuitement les divers degrés de la hiérarchie judiciaire.

COMMENTAIRE

DE LA LOI DU 22 JANVIER 1851

SUR L'ASSISTANCE JUDICIAIRE.

70.—« Art. 1er. L'assistance judiciaire est accordée aux indigents dans les cas prévus dans la présente loi. »

71. L'assistance judiciaire est la charité publique organisée par la loi, et spécialement accordée aux personnes privées de ressources ou qui n'ont pas les moyens suffisants pour soutenir leurs droits devant les tribunaux ; c'est une aumône faite à des plaideurs pauvres et dignes d'intérêt. On ne trouvera pas une définition plus simple, plus saine ni plus exacte de cette loi spéciale. Le pauvre qui a reçu des aumônes ne doit rien à ses bienfaiteurs, si ce n'est de la reconnaissance. Il en est de même de l'assisté. S'il perd son procès, la loi lui fait abandon des frais ; il ne reste à sa charge, et les cas sont fort rares, que les déboursés, l'enregistrement de certains actes étrangers à la procédure, et les amendes dont ils peuvent être entachés. Ce recours, vu l'état d'indigence du débiteur, est presque toujours illusoire. Obtient-il gain de cause, le recouvrement des frais est exclusivement suivi contre son adversaire. Il arrive quelquefois que les deux parties sont assistées judiciaires : c'est alors la gratuité, du moins quant aux frais. La plupart des jurisconsultes et des officiers ministériels, bien des membres de bureau d'assistance et même des employés de l'administration sont persuadés, bien à tort, que l'État ne fait qu'une simple avance à l'assisté. C'est méconnaître complètement l'esprit de la loi et en prendre le contre-pied. Cette erreur a pu prendre naissance dans une lecture superficielle de la loi. La rédaction assez impropre de l'art. 14 : « L'assisté *est dispensé provisoirement* du paiement des sommes dues au Trésor... », a pu faire prendre le change. Enfin, l'obscurité ou plutôt l'excessive concision de l'art. 19 a été impuissante à la confondre. Cette fausse appréciation de la loi en elle-même a pour effet de rendre trop facile l'admission à l'assistance publique. Plus d'un bureau, avant d'accorder sciemment la gratuité, pèserait mieux sa décision et se montrerait souvent moins indulgent.

Le Conseil d'État, à part quelques exceptions, était d'avis de n'accorder à l'assisté qu'un simple crédit sur le Trésor public. Le projet émané de cette assemblée portait, art. 10, que l'assisté serait tenu, après le jugement définitif, de payer *les sommes dues au Trésor pour droits de timbre, d'enregistrement, de greffe et pour amendes, et celles dues aux greffiers et aux officiers ministériels, pour droits, émoluments et honoraires.* Le Gouvernement n'a pas admis ce principe ; il s'est montré beaucoup plus large : l'assisté ne doit aucuns frais de procédure (Rapp. Vatim., 13 et 14).

72. Il en est de même après l'ouverture de l'instance, dans le cas de transaction ou de désistement (Rapp. Vatim., 47).

73. L'assistance publique ne fera jamais fausse route si elle prend pour guide et se modèle sur l'assistance privée, fécondée par le christianisme et réchauffée au foyer de la charité évangélique (Rapp. Vatim., 69).

74. Le bénéfice de cette loi ne doit être accordé qu'avec la plus grande circonspection. Trop d'entraves étoufferaient des réclamations légitimes. Trop de facilités léseraient les droits du Trésor, compromettraient les intérêts des officiers publics et ministériels, serviraient d'aliment à l'esprit processif et vexeraient les tiers (Rapp. Vatim., 6).

75. Un réclamant à l'assistance judiciaire ne doit être admis qu'autant qu'il est indigent et que l'action qu'il se propose d'intenter est plausible (Rapp. Vatim., 7).

76. Cette action, juste au fond, est souvent très-injuste à cause de l'exagération de la demande.

77. Par indigence, il faut entendre l'indigence relative et non l'indigence absolue. Tel individu, qui a les moyens de pourvoir aux frais d'une cause ordinaire, n'aura pas les ressources suffisantes pour s'engager dans un grand procès (Rapp. Vatim., 12).

78. L'assistance, comme l'indique d'ailleurs la rédaction de l'art. 10, ne peut être demandée que par les particuliers, et jamais par les communes ni par les établissements de bienfaisance (Rapp. Vatim., 36).

79. Elle ne saurait être accordée devant les tribunaux de répression (grand ou petit criminel) à la *partie civile* intervenante (Rapp. Vatim., 16 et 17).

80. Le bénéfice de la loi ne s'étend pas aux contestations portées devant les tribunaux de simple police, les conseils de prud'hommes, les conseils de préfecture et le tribunal des conflits (Rapp. Vatim., 68).

81. L'article 1er est conçu en termes généraux qui ne comportent aucune restriction ; il doit recevoir, dans son application, une large interprétation. Il ne vient pas seulement en aide aux malheureux plaideurs, il secourt encore les indigents qui, sans avoir de procès à soutenir, n'ont pas les moyens de pourvoir aux frais de certaines procédures.

Actes de l'état civil. — Rectification. — Les indigents peuvent obtenir l'assistance judiciaire pour poursuivre la rectification des actes de l'état civil qui les intéressent, bien que cette rectification puisse également avoir lieu gratuitement sur l'action d'office du ministère public, conformément à la loi du 25 mars 1817, art. 75 (Déc. du 8 août 1854. — Bureau d'assist. jud. près la Cour de Paris. Bezault. — Dall., 3e part., 81, 1854).

82. *Jugement. — Exécution. — Appréciation. — Bureau. — Recours.* — L'assistance judiciaire peut être accordée à une partie pour parvenir à l'exécution d'un jugement obtenu par elle à l'aide de ses propres ressources. — Alors surtout que ce jugement ne peut devenir définitif qu'au moyen d'une signification faisant courir le délai de l'appel (Trib. civ. de Bellac, 30 août 1860 (héritiers Thévenot contre femme Doussinard) ; Dall., 3e part., p. 8, 1861 ; Garnier, *Rép. pér.*, art. 1385).

83. Quand la procédure est arrivée à terme, quand le

procès est gagné, perdu ou fini, qu'il y a chose jugée, que l'assisté est en possession d'un titre en règle, la loi l'abandonne à lui-même.

Une femme assistée judiciaire avait obtenu contre son fils employé dans une maison de commerce un jugement prononçant le service d'une pension alimentaire. Ce jugement était passé en force de chose jugée.

Cette femme, n'ayant pas les moyens de faire pratiquer une saisie-arrêt, s'adresse de nouveau au bureau d'assistance, afin d'être autorisée à exercer les poursuites sans avances de droits.

Le bureau rejette cette demande par les motifs ci-après : L'assistée a obtenu tout ce que la loi pouvait lui accorder, la grosse d'un titre. Aller plus loin serait énerver et enfreindre la loi ; il faudrait soutenir l'assisté jusqu'au paiement du titre de sa créance ; il ne volerait jamais de ses propres ailes (Huet contre son fils ; bur. d'assist., Reims, 13 avril 1863, inédit).

84.—« ART. 2. L'admission à l'assistance judiciaire devant les tribunaux civils, les tribunaux de commerce et les juges de paix, est prononcée par un bureau spécial établi au chef-lieu judiciaire de chaque arrondissement, et composé :

« 1° Du directeur de l'enregistrement et des domaines, ou d'un agent de cette administration délégué par lui ;

« 2° D'un délégué du préfet ;

« 3° De trois membres pris parmi les anciens magistrats ou anciens avocats, les avoués ou anciens avoués, les notaires ou anciens notaires. Ces trois membres seront nommés par le tribunal civil.

« Néanmoins, dans les arrondissements où il y aura au moins quinze avocats inscrits au tableau, un des trois membres mentionnés dans le paragraphe précédent sera nommé par le conseil de discipline de l'ordre des avocats, et un autre par la chambre des avoués près le tribunal civil ; le troisième sera choisi par le tribunal civil, conformément au paragraphe précédent. »

85. Le bureau se compose d'une réunion de légistes et des représentants de l'intérêt des finances, qui n'est autre chose que l'intérêt général (Rapp. Vatim., 9, 19, 23, 24).

86. Les officiers du ministère public dont la mission est de transmettre les affaires aux bureaux n'entrent pas dans la composition des bureaux d'assistance (Rapp. Vatim., 10, 18, 26 et 30).

87. Le bureau concilie officieusement, mais non officiellement les parties (Rapp. Vatim., 11, 39).

88. Devant les tribunaux civils, les tribunaux de commerce et les justices de paix, l'intérêt du Trésor est représenté par deux personnes, un agent de l'administration de l'enregistrement et le délégué du préfet. Les trois autres membres sont des légistes (Rapp. Vatim., 20).

La loi admet les anciens magistrats ; l'expérience démontre l'opportunité de choix d'hommes encore verts et valides.

89. Les magistrats du ministère public, comme on vient de le dire, ne font pas partie du bureau ; ils ont néanmoins voix délibérante comme faisant partie des tribunaux civils appelés à nommer les trois membres d'un bureau d'assistance.

Nomination.— *Tribunal.*— *Ministère public.*— Les magistrats du ministère public font partie intégrante du *tribunal civil* auquel la loi du 22 janv. 1851 a délégué la nomination des trois membres du bureau de l'assistance judiciaire. — Et ils ont, en cette qualité, le droit de prendre part au scrutin comme les juges et non pas seulement d'agir par voie de réquisition, conformément à leurs attributions ordinaires, la nature de leurs opérations étant exclusive de toutes réquisitions (Décis. 30 mars 1808, art. 88; Cass. 29 juill. 1851, ch. req.; Dall., 1re part., p. 204, 1851 ; Cass. 27 mars 1854, ch. req.; Dall., 1re part., p. 102, 1854).

90. Le même droit n'appartient pas aux juges suppléants (Cass. 27 mars 1854 ; Dall., 1re part., p. 102, 1854).

91. — « ART. 3. Le bureau d'assistance établi près d'une Cour d'appel se compose de sept membres, savoir :

« De deux délégués nommés comme il est dit dans les nos 1 et 2 de l'article précédent et de cinq autres membres choisis de la manière suivante :

« Deux par la Cour, en assemblée générale, parmi les citoyens des qualités énoncées dans le quatrième paragraphe de l'article précédent ;

« Deux par le conseil de discipline de l'ordre des avocats ;

« Et un par la chambre de discipline des avoués à la Cour. »

92. Dans les Cours d'appel où l'importance des affaires est plus considérable, le nombre des membres du bureau est porté à sept (Rapp. Vatim., 21).

93. — « ART. 4. Lorsque le nombre des affaires l'exige, le bureau peut, en vertu d'une décision du ministre de la justice, prise sur l'avis du tribunal ou de la Cour, être divisé en plusieurs sections.

« Dans ce cas, les règles prescrites par les deux articles précédents, relativement au nombre des membres du bureau et à leur nomination, s'appliquent à chaque section. »

94. Cette division des bureaux en plusieurs sections n'est accordée qu'à ceux établis près des tribunaux ou des Cours d'appel. Il n'en est pas de même pour ceux près la Cour de cassation ou près du Conseil d'État, où l'encombrement des affaires n'est pas à craindre (Rapp. Vatim., 25).

95. — « ART. 5. Près de la Cour de cassation et près du Conseil d'État, le bureau est composé de sept membres, parmi lesquels deux délégués du ministre des finances.

« Trois autres membres sont choisis, savoir :

« Pour le bureau établi près de la Cour de cassation, par cette Cour, en assemblée générale, parmi les anciens membres de la Cour, les avocats et anciens avocats au Conseil d'État et à la Cour de cassation, les professeurs et anciens professeurs en droit ;

« Et pour le bureau établi près du Conseil d'État, par ce conseil en assemblée générale, parmi les anciens conseillers d'État, les anciens maîtres des requêtes, les anciens préfets, les avocats et les anciens avocats au Conseil d'État et à la Cour de cassation.

« Près de l'une et de l'autre de ces juridictions, les deux derniers membres sont nommés par le conseil de discipline de l'ordre des avocats au Conseil d'État et à la Cour de cassation. »

Rapp. Vatim., 23.

96. — « ART. 6. Chaque bureau d'assistance ou chaque section nomme son président.

« Les fonctions de secrétaire sont remplies par le greffier de la Cour ou du tribunal près duquel le bureau est établi, ou par un de ses commis assermentés ; et, pour le bureau établi près du Conseil d'État, par le secrétaire général de ce conseil, ou par un secrétaire de comité ou de section délégué par lui.

« Le bureau ne peut délibérer qu'autant que la moitié plus un de ses membres sont présents, non compris le secrétaire, qui n'a pas voix délibérative.

« Les décisions sont prises à la majorité : en cas de partage, la voix du président est prépondérante. »

97. La moitié plus un des membres du bureau est nécessaire pour pouvoir délibérer ; cette disposition s'applique tant aux bureaux composés de cinq membres qu'à ceux composés de sept. Cette moitié plus un est de trois ou de cinq (Rapp. Vatim., 27).

98.—« ART. 7. Les membres du bureau, autres que les délégués de l'administration, sont soumis au renouvellement, au commencement de chaque année judiciaire et dans le mois qui suit la rentrée ; les membres sortants peuvent être réélus. »

99. Comme on l'a déjà dit, les membres délégués sont ceux désignés par le directeur de l'enregistrement et par le préfet (Rapp. Valim., 20).

100. Pour ce renouvellement annuel des membres des bureaux, il est bon d'avoir égard aux convenances personnelles, de même qu'à l'intérêt public (Rapp. Valim., 28).

101.—« ART. 8. Toute personne qui réclame l'assistance judiciaire adresse sa demande sur papier libre au procureur de la République du tribunal de son domicile. Ce magistrat en fait la remise au bureau établi près de ce tribunal. Si le tribunal n'est pas compétent pour statuer sur le litige, le bureau se borne à recueillir des renseignements, tant sur l'indigence que sur le fond de l'affaire. Il peut entendre les parties. Si elles ne sont pas accordées, il transmet, par l'intermédiaire du procureur de la République, la demande, le résultat de ses informations et les pièces au bureau établi près de la juridiction compétente. »

102. L'art. 8 emploie le terme générique de *toute personne*, pour désigner les réclamants à l'assistance, et l'art. 10, non moins extensif, se sert de l'expression de *quiconque*. On a pensé avec raison que le bénéfice de la loi devait s'étendre aux étrangers, lorsque, d'ailleurs, l'action peut être portée utilement devant les tribunaux français.

Étranger.—L'assistance judiciaire peut être accordée à l'étranger indigent lorsqu'il y a probabilité que les tribunaux français se déclareront compétents sur sa demande (Décis. du bureau d'assist. judic. près la Cour de Paris, du 18 déc. 1855 ; art. 590, *Rép. pér.*, Garnier).

103. L'indigent apporte sa demande au procureur de la République ; il la lui adresse par la poste ou la lui fait tenir par l'intermédiaire du maire de sa commune. Le procureur impérial ou son substitut la fait parvenir au bureau. Le bureau compétent pour statuer sur la demande est celui établi près du tribunal qui doit connaître du procès. Si le demandeur en assistance est éloigné du siége de ce tribunal, il remet sa demande et les pièces au procureur de la République du tribunal de son domicile. Ce magistrat en saisit le bureau établi près du tribunal. Le bureau recueille des informations tant sur l'indigence alléguée que sur le mérite du fond, et envoie par l'intermédiaire du procureur de la République au tribunal compétent le résultat des renseignements qu'il a recueillis. Cette marche, qui est moins compliquée qu'elle ne paraît, évite à l'assisté des frais de correspondance et de déplacement et lui évite une perte de temps (Rapp. Vatim., 29, 30, 31).

104.—« Art. 9. Si la juridiction devant laquelle l'assistance judiciaire a été admise se déclare incompétente, et que, par suite de cette décision, l'affaire soit portée devant une autre juridiction de même nature et de même ordre, le bénéfice de l'assistance subsiste devant cette dernière juridiction.

« Celui qui a été admis à l'assistance judiciaire devant une première juridiction continue à en jouir sur l'appel interjeté contre lui, dans le cas même où il se rendrait incidemment appelant. Il continue pareillement à en jouir sur le pourvoi en cassation formé contre lui.

« Lorsque c'est l'assisté qui émet un appel principal ou qui forme un pourvoi en cassation, il ne peut, sur cet appel ou sur ce pourvoi, jouir de l'assistance qu'autant qu'il y est admis par une décision nouvelle. Pour y parvenir, il doit adresser sa demande, savoir :

« S'il s'agit d'un appel à porter devant le tribunal

civil, au procureur de la République près ce tribunal ;

« S'il s'agit d'un appel à porter devant la Cour d'appel, au procureur général près cette Cour ;

« S'il s'agit d'un pourvoi en cassation, au procureur général près la Cour de cassation.

« Le magistrat auquel la demande est adressée en fait la remise au bureau compétent. »

105. Le premier paragraphe de cet article maintient l'assistance lorsque, sur un déclinatoire, la cause est portée devant une autre juridiction de même nature et de même ordre : dans ce cas, la cause n'a pas changé de face ; il en serait autrement si, par suite de la déclaration d'incompétence, l'affaire se trouvait dévolue à une juridiction d'une autre nature, si par exemple elle devait être portée au conseil de préfecture : alors les chances du procès ne sont plus les mêmes et les frais peuvent être plus grands (Rapp. Vatim., 32).

106. Le second paragraphe continue également l'assistance, en cas de pourvoi ou de recours formé contre l'assisté, même dans le cas où celui-ci se rendrait incidemment appelant : c'est que l'appel incident accroît peu les frais et que souvent aussi l'appel principal le rend nécessaire (Rapp. Vatim., 33).

107. Le dernier paragraphe de l'article explique comment la demande doit être présentée (Rapp. Vatim., 35. V. même rapp., art. 31).

108. A la différence de l'art. 8 relatif à l'individu qui n'a pas encore été admis à l'assistance, l'art. 9 s'occupe de celui qui, ayant été déjà admis, veut procéder devant une juridiction supérieure (Rapp. Vatim., 31).

109. — « ART. 10. Quiconque demande à être admis à l'assistance judiciaire, doit fournir :

« 1° Un extrait du rôle de ses contributions, ou un certificat du percepteur de son domicile, constatant qu'il n'est pas imposé ;

« 2° Une déclaration attestant qu'il est, à raison de

son indigence, dans l'impossibilité d'exercer ses droits en justice, et contenant l'énumération détaillée de ses moyens d'existence, quels qu'ils soient.

« Le réclamant affirme la sincérité de sa déclaration devant le maire de la commune de son domicile ; le maire lui en donne acte au bas de sa déclaration. »

110. La rédaction de cet article établit très-bien que l'assistance judiciaire ne peut être demandée que par les particuliers, et jamais par les communes ni par les établissements de bienfaisance (Rapp. Vatim., 36).

111. *Exemption de droit.* Les actes désignés à l'art. 10, produits à l'appui de la demande d'assistance, ceux de l'instruction qu'elle nécessite et les décisions des bureaux d'assistance judiciaire sont exempts du timbre et de l'enregistrement (*Inst. enreg.*, 31 mars 1851, n° 1879).

112.—« ART. 11. Le bureau prend toutes les informations nécessaires pour s'éclairer sur l'indigence du demandeur, si l'instruction déjà faite par le bureau du domicile du demandeur, dans le cas prévu par l'art. 8, ne lui fournit pas, à cet égard, des documents suffisants.

« Il donne avis à la partie adverse qu'elle peut se présenter devant lui, soit pour contester l'indigence, soit pour fournir des explications sur le fond.

« Si elle comparaît, le bureau emploie ses bons offices pour opérer un arrangement amiable. »

113. Le paragraphe premier appelle la sérieuse attention du bureau sur la réalité de l'indigence alléguée ; si la même recommandation ne lui est pas faite en ce qui regarde l'affaire, c'est parce qu'il n'est pas juge du fond ; mais il n'est pas moins tenu de porter son examen sur ce point important pour apprécier si la cause est plausible, et d'en faire connaître le résultat détaillé. Toute la loi est là. Ce point essentiel est réservé expressément dans le paragraphe suivant (Rapp. Vatim., 7, 9, 38).

114. Le deuxième paragraphe s'occupe de la partie adverse ; elle l'invite à se présenter. Le législateur s'est attaché à rendre autant que possible la partie égale entre l'assisté et son compétiteur, en ne favorisant pas trop l'un au détriment de l'autre (Rapp. Vatim., 6, 39, 40, 45). A-t-il réussi ?—Non. — Nous voyons fonctionner de près la loi depuis treize ans et nous disons, sans crainte d'être démenti, que le sort de la partie adverse est à plaindrè. L'assisté judiciaire est un homme redoutable. Usant largement, abusant même le plus souvent des prérogatives que la loi lui accorde ; revêtu d'une armure qui ne lui coûte rien, n'ayant rien à perdre et tout à gagner, il n'aborde pas avec l'humilité et la déférence des plaideurs vulgaires les sages conseillers que la loi lui donne. S'ils ne mènent pas son affaire avec la promptitude impatiente qui le tourmente, il va dénoncer leur lenteur et accuser leur mauvais vouloir tant aux bureaux de l'assistance qu'à ceux du parquet. Quant à son adversaire, on peut l'appeler sa victime. Se prévalant le plus souvent de quelques apparences de bon droit, trompant la bonne foi des bureaux, obtenant son admission à force d'importunités et d'obsessions, produisant des griefs réels, mais inhérents malheureusement à une position sociale infime, ou dus même à sa propre imprévoyance, il pousse aux dernières limites l'exagération de sa demande, il ne regarde pas si cet adversaire est un fils, un père, un époux...

Son adversaire est bien forcé de résister. Il n'a d'autre espoir qu'en la justice, laquelle mettra à néant ou réduira du moins de telles prétentions. Ce n'est qu'au moyen de sacrifices considérables que l'adversaire de l'assisté peut arriver à un accommodement.

Tel assisté, après avoir, à notre connaissance, recueilli par trois fois les profits d'une transaction, recherchait encore son adversaire en le menaçant de reprendre l'instance abandonnée. Ce dernier ne put se débarrasser de lui qu'en dénonçant l'odieux d'un pareil manége au procureur de la République, dont l'intervention arriva fort à propos.

115. Nous engageons fortement, et dans son intérêt, la partie adverse à répondre à l'invitation de se présenter qui lui est adressée par le bureau; et nous lui recommandons de s'y faire assister par son avoué. Celui-ci discutera mieux les pièces produites et les prétentions de celui qui sollicite l'assistance. Il obtiendra souvent le renvoi de la demande ou bien une transaction raisonnable dont il pourra même, sans désemparer, rédiger et asseoir les bases.

116. Il ressort du troisième paragraphe que le bureau n'est qu'un conciliateur purement officieux; la même chose a déjà été dite à l'art. 2 (Rapp. Vatim., 11, 39).

117. L'obtention de la demande d'assistance est subordonnée à deux points : prouver l'indigence, justifier de son bon droit ; mais l'exagération de la demande qui rend tout arrangement impossible ne vicie-t-elle pas ce bon droit? C'est notre opinion. Un autre motif semblerait justifier le refus de l'assistance, quand il s'agit de répétition de sommes ou revendication de bien : c'est l'indigence de la partie adverse. On aurait tort; car ce serait imposer une condition qui n'est pas dans la loi. L'assistance judiciaire en vue d'obtenir une séparation de biens doit-elle être accordée à une femme qui, ne possédant rien actuellement, désire faire un commerce et ne pas être poursuivie par les créanciers de son mari? Nous avons toujours vu repousser de pareilles demandes. La femme ne possédant rien, ses biens ne sont pas en péril. Plus tard, quand elle possédera quelque bien, il sera temps pour elle alors de plaider en séparation et de faire les frais de l'instance.

118.—« Art. 12. Les décisions du bureau ne contiennent que l'exposé sommaire des faits et des moyens, et la déclaration que l'assistance est accordée ou qu'elle est refusée, sans expression de motifs dans l'un ni dans l'autre cas.

« Les décisions du bureau ne sont susceptibles d'aucun recours.

« Néanmoins le procureur général, après avoir pris communication de la décision d'un bureau établi près d'un tribunal civil et des pièces à l'appui, peut, sans retard de l'instruction ni du jugement, déférer cette décision au bureau établi près de la Cour d'appel, pour être réformée, s'il y a lieu.

« Le procureur général près la Cour de cassation et le procureur général près la Cour d'appel peuvent aussi se faire envoyer les décisions des bureaux d'assistance qui ont été rendues dans une affaire sur laquelle le bureau d'assistance établi près de l'une ou de l'autre de ces Cours est appelé à statuer, si ce dernier bureau en fait la demande.

« Hors les cas prévus par les deux paragraphes précédents, les décisions du bureau ne peuvent être communiquées qu'au procureur de la République, à la personne qui a demandé l'assistance, et à ses conseils, le tout sans déplacement.

« Elles ne peuvent être produites ni discutées en justice, si ce n'est devant la police correctionnelle, dans le cas prévu par l'art. 26 de la présente loi. »

119. Le premier paragraphe de l'art. 12 porte que les décisions du bureau n'énoncent que l'exposé sommaire des faits et des moyens, sans expression des motifs qui ont fait accorder ou refuser l'assistance. La loi ordonne le moins, mais elle est loin d'interdire le plus. Par faits et moyens, il faut entendre l'indigence et l'apparence favorable ou défavorable de la cause.

Un exposé sommaire suffit, mais il importe que cet exposé soit approfondi, développé et complet comme celui que ferait un rapporteur. Il ne faut pas croire que la décision des bureaux ne consiste que dans ces mots : *l'assistance est accordée* ou *l'assistance est refusée*. S'il en était ainsi, le travail tout entier du bureau serait perdu, et ce serait fort regrettable (Rapp. Vatim., 42).

Dans un des départements de l'Est, une jeune femme accusa le mari de son choix d'avoir exercé contre elle, la première nuit de son mariage, le plus grave outrage à la pudeur qu'on puisse imaginer. Elle demanda l'assistance, et elle lui fut refusée. Elle possédait en propre une maison louée 1500 fr. à un horloger ; l'outrage dont elle se disait la victime n'avait aucune apparence de vraisemblance. Aucune chance de réussite n'était possible, tout s'était passé dans le silence et l'ombre de la nuit. Aucune preuve ne pouvait être fournie, aucun indice ne pouvait être révélé, aucun témoin ne pouvait être produit. Le bureau duquel je faisais alors partie avait eu le tort d'émettre un avis conçu dans le genre de celui dont il vient d'être parlé... *l'assistance est refusée.* Cette jeune femme saisit le procureur général de la décision, et quelques jours après cette décision était réformée et l'admission accordée.

La femme perdit son procès, ainsi que le bureau l'avait prévu. Le mari, qui avait pris des conclusions reconventionnelles, obtint la séparation de corps, aux torts de la femme. Celle-ci fut condamnée aux dépens ; et comme le mari, qui n'était pas assisté judiciaire, en avait fait l'avance, elle fut obligée de les payer.

120. D'après le deuxième paragraphe, il ne peut être formé de recours contre les décisions du bureau.

Bureau. — Recours. — Partie adverse. — L'adversaire de l'assisté n'est pas recevable à contester devant les tribunaux le bien fondé de la décision qui a accordé l'assistance judiciaire (Trib. civ. de Bellac, 30 août 1860 (Héritiers Thevenot contre femme Doussinard) ; Dall., 3e p., p. 8, 1860).

121. Les troisième et quatrième paragraphes accordent aux procureurs généraux le droit de se faire envoyer les décisions des bureaux avec pièces à l'appui (Rapp. Vatim., 113):

122. Le cinquième paragraphe limite les cas de communication de la décision (Rapp. Vatim., 44).

123. Ce dernier paragraphe interdit la production en justice de la décision : la discussion qui en serait faite en justice pourrait léser les droits de l'adversaire de l'assisté (Rapp. Vatim., 45).

124. — « ART. 13. Dans les trois jours de l'admission

à l'assistance judiciaire, le président du bureau envoie, par l'intermédiáire du procureur de la République, au président de la Cour ou du tribunal, ou au juge de paix un extrait de la décision, portant seulement que l'assistance est accordée ; il y joint les pièces de l'affaire.

« Si la cause est portée devant une Cour ou un tribunal civil, le président invite le bâtonnier de l'ordre des avocats, le président de la chambre des avoués et le syndic des huissiers, à désigner l'avocat, l'avoué et l'huissier qui prêteront leur ministère à l'assisté.

« S'il n'existe pas de bâtonnier, ou s'il n'y a pas de chambre de discipline des avoués, la désignation est faite par le président du tribunal.

« Si la cause est portée devant un tribunal de commerce ou devant un juge de paix, le président du tribunal ou le juge de paix se borne à inviter le syndic des huissiers à désigner un huissier.

« Dans le même délai de trois jours, le secrétaire du bureau envoie un extrait de la décision au receveur de l'enregistrement. »

125. Il est rare que lorsque l'affaire est portée devant un juge de paix ou un tribunal de commerce la désignation d'un avocat soit nécessaire (Rapp. Vatim., 46).

126.— « ART. 14. § 1er. L'assisté est dispensé provisoirement du paiement des sommes dues au Trésor pour droits de timbre, d'enregistrement et de greffe, ainsi que de toute consignation d'amende.

127. § 2. « Il est aussi dispensé provisoirement du paiement des sommes dues aux greffiers, aux officiers ministériels et aux avocats pour droits, émoluments et honoraires.

128. § 3. « Les actes de la procédure faits à la requête de l'assisté sont visés pour timbre et enregistrés en *débet*. Le visa pour timbre est donné sur l'original, au moment de son enregistrement. (Dans certaines éditions, conformes d'ailleurs au *Bulletin des lois*, cette dernière phrase : *Le visa*, etc., forme, par erreur, un paragraphe à part. Le troisième paragraphe ainsi coupé en deux, l'interprétation des art. 18 et 19 devient inintelligible.)

129. § 4. « Les actes et titres produits par l'assisté, pour justifier de ses droits et qualités, sont pareillement visés pour timbre et enregistrés *en débet*.

130. § 5. « Si ces actes et titres sont du nombre de ceux dont les lois ordonnent l'enregistrement dans un délai déterminé, les droits deviennent exigibles immédiatement après le jugement définitif ; il en est de même des sommes dues pour contravention aux lois sur le timbre.

131. § 6. « Si ces actes et titres ne sont pas du nombre de ceux dont les lois ordonnent l'enregistrement dans un délai déterminé, les droits d'enregistrement de ces actes et titres sont assimilés à ceux des actes de la procédure.

132. § 7. « Le visa pour timbre et l'enregistrement *en débet* doivent mentionner la date de la décision qui admet au bénéfice de l'assistance ; ils n'ont d'effet, quant aux actes et titres produits par l'assisté, que pour le procès dans lequel la production a lieu.

133. § 8. « Les frais de transport des juges, des officiers ministériels et des experts, les honoraires de ces derniers et les taxes des témoins dont l'audition a été autorisée par le tribunal ou le juge-commissaire, sont avancés par le Trésor, conformément à l'art. 118 du décret du 18 juin 1811. Le paragraphe 5 du présent article s'applique au recouvrement de ces avances. »

134. La rédaction du début de l'art. 14 ne nous paraît pas heureuse. A notre avis le mot *provisoirement* y est de trop, et les termes de *sommes dues* sont impropres. Ni durant le cours de l'instance ou de la procédure ni après, l'assisté indigent n'est tenu au paiement des droits de timbre et d'enregistrement, non plus qu'à celui des émoluments ou honoraires des greffiers et autres A la nomenclature des droits dont l'assisté est dispensé il faut ajouter ceux d'hypothèque. V. *infrà,* 147 et suiv.

Écoutons le langage si net et si lucide du rapporteur de la commission à ce sujet.

« Est-ce un simple crédit accordé à l'assisté par la loi?
« —Non.—L'assisté est un homme pauvre envers lequel
« l'État et les officiers ministériels exercent gratuitement
« une œuvre d'humanité et de bienfaisance.

« Le Trésor fait généreusement le sacrifice de ce qui
« n'est qu'un *manque à gagner.* L'assisté est un contribua-
« ble d'une espèce particulière que l'État n'eût pas eu
« sans cette libéralité.

« Mais, à l'égard des actes dont la loi exige l'enregis-
« trement dans un délai déterminé, le droit était acquis
« au Trésor indépendamment du procès, et lors même
« qu'il n'aurait été fait aucun usage de ces actes, *il ne*
« doit donc pas y renoncer, il doit seulement en ajourner
« la perception jusqu'à la fin du litige.

« Une observation semblable s'applique aux amendes
« pour infraction aux lois sur le timbre.

« De même, si le Trésor a fait l'avance des taxes des
« témoins ou des honoraires des experts, il doit être
« admis à en répéter le montant. De telles avances ont le
« caractère d'un prêt fait à l'assisté, et celui-ci doit em-
« ployer ces ressources, quelque faibles qu'elles soient,
« à en rendre le montant (Rapp. Vatim., 13 et 14).

« En général, dit ailleurs le même rapporteur, ou doit
« s'attacher à ce principe : que l'assistance judiciaire
« n'est qu'une exemption de droits fiscaux et d'hono-
« raires » (Rapp. Vatim., 40).

135. La rédaction de l'art. 14 serait plus vraie, plus en rapport avec l'esprit de la loi et le sentiment des membres de la commission si on lui substituait celle-ci « L'assisté est exempté du paiement des droits de timbre, etc. »

136. L'art. 11 du projet du Gouvernement, qui correspond à l'art. 14 du projet de la commission, renfermait la disposition qui suit : « Après l'ouverture de l'instance, dans le cas de transaction ou de désistement, tous les frais déjà faits deviennent exigibles. » La commission a cru devoir passer outre et en demander la suppression. C'eût été détourner l'assisté de transiger et de se désister (Rapp. Vatim., 47). V. *infrà*, 139 et suiv.

137. Les art. 17 et 19, qui renvoient l'un et l'autre à l'art. 14, en ne déterminant que deux cas, celui de condamnation aux dépens prononcés contre l'adversaire de l'assisté, et celui de condamnation aux dépens prononcés contre l'assisté, semblent avoir voulu circonscrire la loi dans un cadre restreint : on pourrait croire que l'assistance judiciaire ne doit être accordée que lorsqu'il y a procès. Il n'en est rien. Ainsi que nous l'avons dit à l'art. 1er, l'assistance judiciaire, œuvre de bienfaisance, comporte la plus large interprétation. Elle vient en aide au malheureux non-seulement dans les instances proprement dites (procès, litiges, contestations), mais même dans toutes affaires de procédure qui ne comportent en aucune façon de condamnation aux dépens; de ce nombre sont les rectifications d'actes de l'état civil, les questions de naturalisation, les autorisations, les pouvoirs, les affirmations, les renvois devant notaire, les actes se rapportant aux avis de parents, etc., etc. Bien plus, certains procès se dénouent sans qu'il y ait condamnation aux dépens : tels sont les jugements rendus en matière de licitation et partage. Dans ces diverses affaires où le résultat est prévu, où il n'existe ni procès à perdre ni à gagner, où aucune condamnation aux dépens n'est nécessaire ou même possible, l'assisté judiciaire, il ne faut pas craindre de le dire, jouit de la gratuité.

138. *Cassation.* — *Amende.* — Le demandeur en cassation admis à l'assistance judiciaire et dispensé, par suite, de la consignation d'amende, n'est pas tenu, pour la recevabilité de son pourvoi, d'y joindre les pièces établissant son indigence (Déc. du 8 juillet 1793, art. 1er; L. 14 brumaire an v, art. 2; C. inst., 420).

Cass. 6 juillet 1853, ch. civ. (Jousslin contre Cuvier); Dall. 1re p., p. 269, 1853.

139. Une décision de M. le ministre des finances, prise de concert avec M. le garde de sceaux, le 29 avril 1853, contient les dispositions suivantes, interprétatives de l'art. 14 (Inst. enreg., 18 juillet 1853, n° 1971).

Transaction.—1° En cas de transaction entre l'assisté avant le jugement du tribunal de première instance, les droits en débet des actes produits par ce dernier (si ces actes n'étaient pas sujets à l'enregistrement dans un délai déterminé) et le montant des avances faites par le Trésor ne peuvent être exigés.

140. 2° Si les actes produits par l'assisté et enregistrés en débet étaient sujets à l'enregistrement dans un délai déterminé, ou s'ils contenaient des contraventions aux lois sur le timbre, le paiement des droits et amendes pourrait être poursuivi par voie de contrainte, contre le débiteur, nonobstant la transaction ou le désistement (contre les deux parties).

141. 3° Si la transaction ou le désistement ont lieu après l'appel du jugement de première instance, les droits en débet et les frais de la première instance avancés par le Trésor doivent être recouvrés dans la forme déterminée par les art. 17, 18 et 19 de la loi du 22 janvier 1851.

142. 4° Mais les frais exposés en appel par l'appelant qui aura, sur l'appel, obtenu le bénéfice de l'assistance judiciaire donneront lieu ou non à une action en recouvrement, suivant les distinctions établies aux n°s 1 et 2 ci-dessus.

143. 5° *Frais de transport. — Huissiers.* — Les frais ou indemnités de transport dus aux huissiers, à raison des exploits qu'ils signifient à la requête des personnes admises à l'assistance judiciaire, seront avancés par les receveurs de l'enregistrement, comme frais ordinaires, sur des mémoires taxés, rendus exécutoires par l'autorité judiciaire.

144. 6° *Exécution.—Avances.*—Le bénéfice de la loi du 22 janvier 1851 s'applique aux actes de signification des jugements et arrêts par défaut et aux divers actes de poursuites tendant à provoquer l'opposition aux jugements et arrêts par défaut, ou, en cas de non-opposition, à faire courir le délai de l'appel ou du pourvoi en cassation; mais il n'est plus applicable aux actes de poursuites faites après que les jugements ou arrêts ont acquis l'autorité de la chose jugée.

Possesseur d'un titre en règle, l'assisté peut alors voler de ses propres ailes. La loi l'abandonne.

145. *7° Exécution. — Péremption. — Receveur de l'enregistrement. — Dans les cas prévus par les art. 156 et 159 du C. de pr. civ., alors même que l'assisté avait obtenu un jugement par défaut, sans que son adversaire eût constitué avoué, le receveur de l'enregistrement devait, après signification de ce jugement et dans les six mois de son obtention, faire les diligences nécessaires pour obtenir le paiement des droits en débet et des frais avancés par l'administration, et cela afin d'éviter la péremption.* Depuis, il a été reconnu qu'il n'appartenait pas de charger les receveurs de l'exécution des jugements, et voici ce qui a été arrêté, après nouvel examen de la question. Pour le recouvrement des sommes avancées par le Trésor, l'administration de l'enregistrement ne doit pas avoir égard au délai de péremption résultant de l'art. 156, sauf à soumettre la question aux tribunaux, en cas de difficulté (Décis. min. fin., 5 juin 1862; Inst. enreg., 30 juillet 1862, n° 2227).

La plupart des jugements de l'espèce ne portent d'autre condamnation pécuniaire que celle des dépens. Le receveur du bureau de l'assistance de Paris, chargé en 1861 de les faire exécuter, constitua l'État en dépense d'une somme de 5,000 fr., la formalité, comme cela devait être, ayant eu lieu au comptant. Environ 10,000 jugements obtinrent ainsi l'autorité de la chose jugée, mais les recouvrements ultérieurs furent nuls.

Depuis lors ces jugements, qui ne pourraient être exécutés que par les receveurs seuls chargés du recouvrement des condamnations aux dépens, restent comme non avenus, et les greffiers n'en fournissent pas d'exécutoire.

Les avoués de Paris ont soin d'obtenir condamnation à 5 ou 6 fr. de dommages-intérêts. Dès lors l'exécution s'en poursuit en débet, ou même le plus souvent sans frais, lorsque la partie paye.

146. 8° *Exécution. — Avances. —* Si l'exécution d'un jugement par défaut, avant que ce jugement ait acquis l'autorité de là chose jugée, est poursuivie par voie de saisie mobilière, l'administration de l'enregistrement fera l'avancé des salaires accordés aux témoins, serruriers et gardiens, ainsi que des frais de transport des meubles sur le lieu de la vente; et, si les meubles sont vendus, le procès-verbal pourra être visé pour timbre et enregistré en débet; mais, dans ce cas, le montant de tous les droits en débet et des frais avancés par le Trésor, ainsi que les honoraires et indemnités dus aux officiers ministériels, sera prélevé sur le prix de la vente et remis au receveur pour être distribué aux ayants droit, conformément à l'art. 18, troisième alinéa, de la loi du 22 janv. 1851, après que le jugement aura acquis l'autorité de la chose jugée.

Il n'est pas possible d'obtenir des avoués un état de frais dans la quinzaine. Les greffiers de Paris remettent un exécutoire qu'ils fixent par aperçu à 5 fr. Le receveur tâche d'obtenir, comme on ferait d'un à-compte, le paiement de cette somme, et le jugement en séparation de biens se trouve ainsi exécuté.

147. 9° *Inscription d'hypothèque.*—Une personne admise à l'assistance judiciaire ne peut, sans avancer les droits et les frais de cette formalité, requérir inscription au bureau des hypothèques, en vertu d'un jugement obtenu contre son adversaire, si ce jugement a déjà acquis l'autorité de la chose jugée.

148. 10° La dispense provisoire accordée à l'assisté sera étendue aux droits et frais de l'inscription, lorsqu'elle aura été requise dans l'un des cas prévus par l'art. 2123, Cod. Nap., et avant qu'il y ait un jugement ayant acquis l'autorité de la chose jugée.

149. 11° Les droits de timbre des feuilles des registres des formalités hypothécaires relatives aux inscriptions prises dans le dernier cas seront remboursés, chaque année, aux conservateurs par l'administration, sur un état fait en double, et revêtu des arrêtés, vérifications, certificats et mentions indiqués au bas de l'état, dont le cadre est tracé par l'instruction n° 1916. L'un de ces doubles sera produit à l'appui du mandat de remboursement, l'autre sera renvoyé et conservé au bureau des hypothèques.

150. 12° Le montant de tous les droits et frais d'hypothèque dont l'assisté n'aura pas fait l'avance sera porté sur le sommier des droits d'hypothèque en suspens. Le conservateur fera mention sur ce sommier du remboursement des droits de timbre qui lui aura été fait par l'administration, et les mêmes droits seront portés en recette sur le registre du visa pour timbre, lorsque, postérieurement, le paiement en aura été obtenu des parties.

151. *Pouvoir.* — Le pouvoir donné par l'assisté pour se faire représenter en justice est au nombre des actes prévus par l'art. 14, § 1ᵉʳ, de la loi du 22 janv. 1851, et doit conséquemment recevoir en débet la double formalité du timbre et de l'enregistrement, quelle que soit d'ailleurs la juridiction, civile ou commerciale, devant laquelle il est produit (Solution du 12 déc. 1851 ; insl. enreg., 18 juill. 1853, n° 1971).

152. *Séparation de biens. — Liquidation.* — La loi du 22 janv. 1851 a eu pour but d'assurer à l'assisté le moyen de faire valoir ses droits devant les tribunaux et de lui conférer, sans avance de frais, un titre exécutoire. Aux termes de l'art. 1444, Cod. Nap., le jugement de séparation de biens n'est valable et efficace qu'autant qu'il est suivi d'un acte authentique constatant le paiement de tout ou partie des droits et reprises de la femme, ou que des poursuites ont été commencées dans la quinzaine. Ce jugement ne mettant pas fin à l'instance, l'acte de liquidation et les autres actes d'exécution prévus par le Code doivent jouir du bénéfice de l'art. 14 de la loi du 22 janv. 1851.

Mais il n'en saurait être de même lorsque la séparation de biens est la conséquence de la séparation de corps (art. 311, Cod. Nap.). Dans ce cas, en effet, l'art. 1444 n'est pas applicable ; la validité du jugement est indépendante de la liquidation et du paiement des reprises, ainsi que de toutes poursuites. L'instance est terminée aussitôt que le jugement prononçant la séparation de corps a acquis, par les voies ordinaires, l'autorité de la chose jugée (Décis. minist. fin. et just. des 11 oct. et 23 nov. 1855 ; instr. enreg., 19 mars 1856, n° 2062, § 2).

153. — « ART. 15. Le ministère public est entendu dans toutes les affaires dans lesquelles l'une des parties a été admise au bénéfice de l'assistance. »

154. — « ART. 16. Les notaires, greffiers et tous autres dépositaires publics ne sont tenus à la délivrance gratuite des actes et expéditions réclamés par l'assisté que sur une ordonnance du juge de paix ou du président. »

155. Cette ordonnance est exempte du timbre et de l'enregistrement (Instr. enreg., 31 mars 1851, n° 1879).

156. — « ART. 17. En cas de condamnation aux dépens prononcée contre l'adversaire de l'assisté, la taxe comprend tous les droits, frais de toute nature, honoraires et émoluments auxquels l'assisté aurait été tenu, s'il n'y avait pas eu assistance judiciaire. »

157. L'assistance ne doit rien changer à la situation de la partie adverse de l'assisté. En appliquant ce principe aux dépens, cette partie adverse, si elle est condamnée, doit payer les dépens comme s'il n'y eût pas eu d'assistance. Obtient-il gain de cause ? ses droits contre l'assisté, relativement aux dépens, sont exactement ce qu'ils auraient été, si celui-ci n'avait pas été admis au bénéfice de l'assistance (Rapp. Vatim., 49).

158. — « ART. 18. Dans le cas prévu par l'article précédent (art. 17), la condamnation est prononcée et l'exécutoire est délivré au nom de l'administration de l'enregistrement et des domaines, qui en poursuit le recouvrement comme en matière d'enregistrement.

« Il est délivré un exécutoire séparé au nom de l'administration de l'enregistrement et des domaines pour les droits qui, n'étant pas compris dans l'exécutoire délivré contre la partie adverse, restent dus par l'assisté au Trésor, conformément au cinquième paragraphe de l'art. 14.

« L'administration de l'enregistrement et des domaines fait immédiatement aux divers ayants droit la distribution des sommes recouvrées.

« La créance du Trésor, pour les avances qu'il a faites, ainsi que pour tous droits de greffe, d'enregistrement et de timbre, a la préférence sur celle des autres ayants droit. »

159. Le premier paragraphe charge l'administration de l'enregistrement de poursuivre contre l'adversaire de l'assisté le paiement du montant de l'exécutoire qui lui est délivré, en suivant la marche établie pour le recouvrement des droits d'enregistrement, c'est-à-dire par voie de contrainte. Nous allons expliquer ce que c'est que cette contrainte. Le premier acte de poursuite pour le recouvrement des droits d'enregistrement, de greffe, d'hypothèque et de timbre, et le paiement des peines et amendes est une *contrainte*. Elle est *décernée* par le receveur ou préposé de l'enregistrement ; elle est *visée* et *déclarée exécutoire* par le juge de paix du canton où le bureau auquel appartient le recouvrement est établi, et elle est signifiée. L'exécution de la contrainte ne peut être interrompue que par une opposition formée par le redevable, et *motivée*, avec assignation *à jour fixe*, devant le tribunal civil de première instance dans le ressort duquel est situé le bureau d'où part la contrainte. Dans ce cas, l'opposant est tenu d'élire domicile dans la commune où siége le tribunal (Lois, 22 frim. an VII, art. 64 ; 21 vent., même année, art. 24 ; 28 avril 1816, art. 76).

160. *Exécution. — Recouvrement. — Enregistrement. —* L'administration de l'enregistrement, qui, lorsqu'il y a assistance judiciaire, fait l'avance de tous les frais du jugement et de l'exécution du jugement, a titre, comme subrogée aux droits de l'assisté, pour se faire délivrer un exécutoire des dépens dus aux condamnations prononcées en faveur de l'assisté dès avant son admission à l'assistance (Trib. civ. de Bellac, 30 août 1860 (héritiers Thévenot contre femme Doussinaud); Dall., 3ᵉ part., p. 8, 1861; *Rép. pér.*, Garnier, art. 1385).

161. Le deuxième paragraphe dispose qu'il sera délivré un exécutoire séparé, au nom de l'administration, pour recouvrer de la même manière, contre l'assisté, au cas où il y aurait lieu, les droits d'enregistrement et les droits et amendes de timbre, qui, n'étant pas compris dans l'exécutoire délivré contre la partie adverse, restent dus par l'assisté, suivant le sixième paragraphe de l'art. 14. Ces droits et amendes sont ceux relatifs aux actes et titres sujets à l'enregistrement dans un délai déterminé, ou aux actes et titres rédigés sur papier non timbré contrairement aux dispositions des lois sur le timbre, que l'assisté a fait viser pour timbre et enregistrer en débet, et qu'il a produits pour justifier de ses droits et qualités (Instr. enreg., 31 mars 1851, nº 1879, p. 10).

162. Le dernier paragraphe de l'article, en prévision du recouvrement d'une partie seulement des sommes dues, accorde à la créance du Trésor un simple droit de préférence sur celles des autres ayants droit (Rapp. Vatim., 40).

163. *Dépens partagés.* — Une femme assistée judiciaire poursuit sa séparation de corps. L'enquête établit que les torts sont réciproques. La séparation est prononcée ; les époux sont condamnés aux dépens, chacun par moitié.

Dépens avancés par l'État à l'assistée. . . . 100
Taxes de témoins payés à sa décharge. . . . 10
Total des dépens. 110

Si les dépens exposés par le mari dépassent 110 fr., la femme n'aura à payer que les avances, ou 10 fr., et le mari n'aura rien à payer à l'État.

Si les frais faits par le mari s'élèvent à 50 fr., il faut faire le compte que voici :

$$\text{Frais exposés par la femme} \dots \left.\begin{matrix} 100 \\ 10 \end{matrix}\right\} 110$$

$$\text{Frais exposés par le mari} \dots \dots \quad 50$$

$$\text{Total} \dots \dots \dots \quad \overline{160}$$

$$\text{Dont moitié est de} \dots \dots \quad 80$$

On les répétera au mari jusqu'à con-
currence de. 70
Et au mari et à la femme pour. . . . 10

$$\text{Total égal} \dots \dots \quad \overline{80}$$

164. — « ART. 19. En cas de condamnation aux
dépens prononcée contre l'assisté, il est procédé, conformément aux règles tracées par l'article précédent,
au recouvrement des sommes dues au Trésor, en vertu
des paragraphes 5 et 8 de l'art. 14. »

165. C'est en cet article que perce la libéralité de la
loi ; il serait à désirer qu'elle s'y révélât avec plus de net-
teté. La compréhension en est lente. Il eût suffi d'ajouter :
le surplus des droits ne sera pas répété.

166. Si la condamnation aux dépens est prononcée
contre l'assisté, l'exécutoire délivré contre lui en exécution de l'art. 19 ne comprendra que les sommes dues au
Trésor : 1° pour les frais de transport des juges, des officiers ministériels et des experts, les honoraires de ces
derniers et les taxes à témoins, dont l'avance a pu être
faite en vertu du dernier paragraphe de l'art. 14, et conformément à l'art. 118 du décret du 18 juin 1811 sur les frais
de justice ; 2° pour les droits d'enregistrement et les
droits et amendes de timbre dont il vient d'être parlé au
paragraphe qui précède. Le surplus des droits restés en
débet tombera en non-valeur (Inst. enreg., 31 mars 1851,
n° 1879, p. 11).

Une dame assistée judiciaire obtient la séparation de
biens, et le mari est condamné aux dépens. Elle se présente au bureau de l'enregistrement de l'assistance; offre
de payer les frais et demande une quittance établissant
en son nom la libération. Cette dame voulait faire un

commerce et elle craignait d'être recherchée pour le paiement de ces frais. Le receveur refuse le paiement en lui observant qu'elle ne devrait cette somme que si le retrait d'assistance avait eu lieu. Mais remettez la somme à votre mari, je la recevrai venant de lui ; elle s'y refusa, et l'article est encore dû. Le receveur avait opéré régulièrement.

167. — « ART. 20. Les greffiers sont tenus de transmettre, dans le mois, au receveur de l'enregistrement, l'extrait du jugement de condamnation ou l'exécutoire, sous peine de dix francs d'amende pour chaque extrait de jugement ou chaque exécutoire non transmis dans ledit délai. »

168. Cet article ne fait pas de distinction entre les jugements rendus par défaut et les jugements contradictoires (Décis. min. fin., 5 janv. 1862 ; Inst. enreg., 30 juill. 1862, n° 2227).

Actuellement les receveurs de l'enregistrement n'étant plus chargés d'assurer l'exécution des jugements n'admettent plus que des exécutoires de sommes immédiatement recouvrables. Jusque-là les greffiers sont dispensés de délivrer des exécutoires.

169. *Extraits de jugements.— Exécutoires.— Remise.— Délai.* —Les greffiers sont tenus de se conformer ponctuellement à l'art. 20, qui leur prescrit, sous peine d'amende, de remettre dans le mois au receveur de l'enregistrement un titre au moyen duquel il puisse poursuivre le recouvrement des droits et frais dont l'assisté a été provisoirement dispensé de faire l'avance, et ce titre consiste en un extrait du jugement contenant la liquidation des dépens, ou en un exécutoire en forme. Les avoués qui, par leur fait, mettraient obstacle à l'exécution de cet article encourraient des peines disciplinaires (Circul. du garde des sceaux aux procureurs généraux du 15 déc. 1851 ; Inst. enreg., 30 janv. 1858, n° 2115).

170. *Idem. — Point de départ. —* Le délai d'un mois établi par l'art. 20 de la loi du 22 janv. 1851 sur l'assistance judiciaire, pour la remise par le greffier au receveur de l'enregistrement d'un extrait du jugement de condamnation ou de l'exécutoire doit courir à partir du jugement lorsque le jugement renferme la liquidation des dépens, ce qui a lieu toutes les fois que le jugement est rendu en matière sommaire (2e décret du 16 févr. 1807), et seulement à partir de la signature de la taxe par le juge et le greffier, lorsqu'en matière ordinaire il est délivré un exécutoire séparé pour les dépens (Cass. civ., 12 nov. 1862; *Rép. pér.*, Garnier, art. 1704).

L'amende prononcée par la loi contre le greffier à défaut de remise de l'extrait ou de l'exécutoire dans le mois, même en matière sommaire, est d'une sévérité inouïe. Si le greffier ne délivre pas l'extrait dans le délai, c'est que l'avoué ne lui a pas fourni la note des dépens. Il est évident que celui-ci n'a pas eu le temps dans un délai aussi court de la dresser.

L'administration, qui comprend très-bien toutes ces difficultés d'exécution, s'est toujours montrée très-indulgente envers les greffiers.

171. *Forme de l'extrait du jugement et de l'exécutoire.—* L'extrait de jugement que le greffier est tenu de remettre au receveur de l'enregistrement doit contenir la liquidation des dépens. Une annotation y fait connaître la part qui revient au Trésor et celle des divers ayants droit. Il est exempt de timbre.

Pour arriver à la délivrance de l'exécutoire, le greffier rédige un état de frais. Cet état est garni de colonnes se rapportant aux droits dus à l'État, aux émoluments revenant au greffier, à l'avoué et à l'huissier; il est détaillé par article; il est taxé par le juge. Le greffier dresse ensuite une minute en conséquence de cet état de frais. Enfin il tire un extrait de cet exécutoire; ces deux actes et l'expédition du second acte sont visés pour timbre et enregistrés en débet. L'extrait de l'exécutoire est seul remis au receveur. Une annotation mise au bas récapitule les sommes dues à l'État et celle revenant à chacun des ayants droit, en y comprenant le coût de l'exécutoire.

172. *Jugements ne comportant pas la délivrance d'extraits.* — Un jugement rendu entre colicitants dont l'un était assisté judiciaire, portait renvoi devant notaire pour procéder à la liquidation-partage, et disait qu'il serait fait masse des dépens pour être employés en frais privilégiés de poursuites. Extrait de ce jugement est délivré au receveur, qui le consigne sur ses sommiers. Un seul parmi les licitants offrait des garanties de solvabilité. Le receveur, après l'avoir invité vainement au paiement, lui fait faire un commandement; puis il remet les pièces à un huissier pour opérer une saisie-exécution. Mais le jugement ne portait pas de condamnation, puis l'extrait du jugement n'était pas revêtu de la forme exécutoire. L'huissier ne pouvait instrumenter, il eût contrevenu aux prescriptions de l'art. 583 du Cod. de proc. civ. Le jugement émanait de M. M..., président, savant auteur d'un ouvrage de droit très-estimé. Son successeur, consulté, trouve le cas embarrassant; il émet comme simple opinion, mais très-contestable, qu'il y aurait lieu à réassigner les parties et obtenir un second jugement qui les condamnerait aux dépens. A cela on pouvait répondre que le premier jugement rendu en la forme admise en cette matière était complet et que tous les frais postérieurs devenaient frustratoires.

Cependant le receveur avait consulté son directeur. Ce chef de service l'avait autorisé à décerner contrainte; mais, par une bizarrerie inexplicable, il la restreignait à la créance du Trésor, laissant aux autres ayants droit le soin et le péril du recouvrement. Le § 1ᵉʳ de l'art. 18 ne comporte nullement une pareille restriction, et cette latitude laissée aux ayants droit était contraire au 3ᵉ § de ce même article. Au fond, la contrainte, en fournissant un titre exécutoire, ne parait pas au vice originel. La partie pouvait venir par opposition en paralyser l'effet. C'était déplacer la difficulté; ce n'était pas la vaincre; un nouveau receveur, l'auteur de ce commentaire, prend le bureau. Il demande à son directeur, nouveau directeur aussi, l'autorisation d'annuler un article qui, selon lui, n'aurait jamais dû être consigné. La réponse fut de tâcher d'obtenir par la persuasion la rentrée de l'article. Que fait le receveur ? Craignant de voir l'article prescrire, il décerne une contrainte, et le jour même auquel la saisie-exécution avait été fixée, l'article fut payé.

Comme nous l'avons déjà dit, le greffier n'aurait pas dû fournir l'extrait de ce jugement, lequel ne portant pas de condamnation aux dépens ne pouvait tomber sous l'application des art. 17 et 19. V. *suprà*, 137.

173. — « ART. 21. Devant toutes les juridictions, le bénéfice de l'assistance peut être retiré en tout état de cause, soit avant, soit même après le jugement :

« 1° S'il survient à l'assisté des ressources reconnues suffisantes ;

« 2° S'il a surpris la décision du bureau par une déclaration frauduleuse. »

174. L'art. 21 détermine deux causes du retrait de l'assistance. 1° S'il survient à l'assisté des ressources suffisantes ; en d'autres termes, s'il revient à bonne fortune (Rapp. Vatim., 54 et 55).

La complaisance d'un bureau qui aurait admis trop facilement l'assisté ne saurait être une cause de retrait, si d'ailleurs la position pécuniaire de ce dernier ne s'est pas depuis lors améliorée.

175. Le mot *reconnues* n'a pas de portée ; c'est une expression purement grammaticale.

176. 2° S'il a trompé le bureau soit sur sa situation pécuniaire, soit sur les faits de la cause. Le projet du Gouvernement employait l'expression de *mensongère ;* la commission a préféré celle de *frauduleuse*. Elle marque qu'il ne suffit pas que l'assisté ait induit le bureau en erreur ; il faut encore qu'il ait agi sciemment et de mauvaise foi. (Rapp. Vatim., 54).

177. Le projet du Gouvernement ajoutait une troisième cause du retrait, mais qui n'a pas été admise par la commission, parce qu'elle a paru devoir jeter de la défaveur sur l'assisté et parce qu'elle était trop rigoureuse ; c'est... *si l'on acquiert la conviction* que l'instance n'est pas fondée (Rapp. Vatim., 55).

178. L'article dit : *en tout état de cause... soit même après le jugement.* Cette dernière partie de la disposition... *soit même après le jugement* est facile à justifier. D'un côté, le jugement, s'il est favorable à l'assisté, peut faire cesser son indigence en lui rendant des ressources importantes, et de l'autre, s'il est rendu contre lui, il peut fournir la preuve de la fraude employée pour tromper le bureau. Dans ces deux hypothèses il est possible que le jugement devienne une cause légitime de retrait de l'assistance (Rapp. Vatim., 56).

179. — « ART. 22. Le retrait de l'assistance peut être demandé, soit par le ministère public, soit par la partie adverse.

« Il peut aussi être prononcé d'office par le bureau.

« Dans tous les cas, il est motivé. »

180. Un des officiers publics ou ministériels, ayant droit, ne pourrait saisir directement le bureau de sa demande, non plus que l'administration de l'enregistrement : ce ne sont point là des parties adverses.

181. — « ART. 23. L'assistance judiciaire ne peut être retirée qu'après que l'assisté a été entendu ou mis en demeure de s'expliquer. »

182. Une invitation verbale où par écrit ne suffirait pas. Elle doit être faite par exploit d'huissier avec les formalités en débet.

183. — « ART. 24. Le retrait de l'assistance judiciaire a pour effet de rendre immédiatement exigible les droits, honoraires, émoluments et avances de toute nature, dont l'assisté avait été dispensé.

« Dans tous les cas où l'assistance judiciaire est retirée, le secrétaire du bureau est tenu d'en informer immédiatement le receveur de l'enregistrement, qui procédera au recouvrement et à la répartition, suivant les règles tracées en l'art. 18 ci-dessus. »

184. Les retraits d'assistance sont rares ; il n'en est

pas encore arrivé à ma connaissance. Cela tient à ce que la loi sur l'assistance judiciaire et ses dispositions sont peu connues et peu étudiées. Une des parties les plus actives du bureau est sans contredit le receveur de l'enregistrement lorsqu'il en est membre (ces fonctions sont quelquefois dévolues aux conservateurs des hypothèques). Il n'a pas seulement mission d'admettre ou de repousser l'indigent, il a aussi le souci de le faire payer, tâche difficile, puis de surveiller sa position. Ce débiteur *in futurum* est bientôt perdu de vue. La prescription met ensuite le sceau à cet oubli.

La décision qui prononce le retrait est un vrai jugement : elle comporte l'inscription judiciaire.

L'assistance doit être retirée à celui qui, gagnant son procès, revient à bonne fortune en ruinant son adversaire. Dans ce cas, il doit le remboursement des dépens auxquels son adversaire, devenu insolvable, avait été condamné (Rapp. Vatim., 56).

185. — « ART. 25. L'action tendant au recouvrement de l'exécutoire délivré à la régie de l'enregistrement et des domaines, soit contre l'assisté, soit contre la partie adverse, se prescrit par dix ans.

« La prescription de l'action de l'adversaire de l'assisté contre celui-ci, pour les dépens auxquels il a été condamné envers lui, reste soumise au droit commun. »

186. La prescription de l'action tendant au recouvrement de l'extrait ou de l'exécutoire délivré à la régie soit contre l'assisté, soit contre sa partie adverse, est de dix ans, à partir du jour de la délivrance de l'extrait ou exécutoire. S'il n'en est pas délivré, la prescription est de trente ans, à partir de l'enregistrement du jugement.

187. Quant à la prescription de l'action de l'adversaire de l'assisté contre celui-ci, pour les dépens auxquels il a été condamné envers lui, c'est celle du droit commun ou de trente ans (C. Nap. 2262).

188.— « ART. 26. Si le retrait de l'assistance a pour cause une déclaration frauduleuse de l'assisté, relativement à son indigence, celui-ci peut, sur l'avis du bureau, être traduit devant le tribunal de police correctionnelle et condamné, indépendamment du paiement des droits et frais de toute nature dont il avait été dispensé, à une amende égale au montant total de ces droits et frais, sans que cette amende puisse être au-dessous de cent francs, et à un emprisonnement de huit jours au moins et de six mois au plus.

« L'art. 463 du Code pénal est applicable.

189. L'action correctionnelle contre l'assisté qui a trompé le bureau ne porte que sur l'indigence ; elle ne s'étend pas aux faits du procès, c'est-à-dire aux fausses allégations entachant la demande (Rapp. Vatim., 61).

190. Le second paragraphe porte : L'art. 463 du Cod. pén. est applicable. Le projet du Gouvernement restreignait à l'emprisonnement seulement et non à l'amende l'application de cet article. Cette restriction n'a pas été admise par la commission (Rapp. Vatim., 62).

191. *Délits punissables d'emprisonnement.* — «..... Dans tous les cas où la peine de l'emprisonnement et celle de l'amende sont prononcées par le Cod. pén., si les circonstances paraissent atténuantes, les tribunaux correctionnels sont autorisés, même en cas de récidive, à réduire l'emprisonnement même au-dessous de six jours, et l'amende même au-dessous de six francs ; ils pourront aussi séparément prononcer l'une ou l'autre de ces peines, et même substituer l'amende à l'emprisonnement sans qu'en aucun cas elle puisse être au-dessous des peines de simple police (Cod. pén., art. 463).

Ainsi le tribunal correctionnel peut réduire la condamnation jusqu'à un franc d'amende et aux dépens, sans emprisonnement.

192. — « ART. 27. Les dispositions de la loi du 7 août 1850 sont applicables :

« 1° A toutes les causes qui sont de la compétence

des conseils de prud'hommes, et dont les juges de paix sont saisis dans les lieux où ces conseils ne sont pas établis ;

« 2° A toutes les contestations énoncées dans les numéros 3 et 4 de l'art. 5 de la loi du 5 mai 1838. »

193. Cet article n'est qu'un appendice de la loi du 7 août 1850, concernant le visa pour timbre et l'enregistrement en débet des actes de procédure et des jugements relatifs à la juridiction des prud'hommes. D'après cet article, sans que les parties soient obligées de se faire admettre au bénéfice de l'assistance judiciaire, il y aura lieu de viser pour timbre et d'enregistrer en débet, conformément à la loi du 7 août 1850, qui a fait l'objet de l'inst. n° 1861, les actes de procédure devant la justice de paix, les jugements et les actes nécessaires à leur exécution, lorsqu'il s'agira de contestations entre les maîtres et les gens de travail, ouvriers, apprentis et domestiques, pour engagements et salaires, ou de contestations relatives au paiement des nourrices.

194. Ce privilége s'étendra, en vertu de l'art. 2 de la loi du 7 août 1850, aux causes de cette nature portées en appel ou devant la Cour de cassation.

195. La partie qui succombera sera condamnée aux dépens envers le Trésor, et le recouvrement des droits restés en débet aura lieu suivant les règles ordinaires contre les parties condamnées, conformément à l'art. 4 de la loi du 7 août 1850 (Inst. enreg., 31 mars 1851, n° 1879).

196. — « ART. 28. Il sera pourvu à la défense des accusés devant les Cours d'assises, conformément aux dispositions de l'art. 294, Cod. instr. crim. »

197. — « ART. 29. Les présidents des tribunaux correctionnels désigneront un défenseur d'office aux prévenus poursuivis à la requête du ministère public, ou détenus préventivement, lorsqu'ils en feront la demande et que leur indigence sera constatée, soit par les pièces désignées dans l'art. 10, soit par tous autres documents. »

198. Il n'est pas nommé d'office un défenseur à tous les prévenus en matière correctionnelle qui en font la demande. C'eût été aller trop loin; beaucoup d'affaires ne comportent pas de défenseur.

Il n'est nommé de défenseur qu'aux prévenus poursuivis à la requête *du ministère public ou détenus préventivement*. Leur indigence peut même être constatée par un simple document sans justification des pièces désignées dans l'art. 10. Cette facilité se comprend : ici les intérêts de l'indigent ne sont pas seuls en jeu, sa liberté est encore compromise (Rapp. Vatim., 64).

199.— « Art. 30. Les présidents des Cours d'assises et les présidents des tribunaux correctionnels pourront, même avant le jour fixé par l'audience, ordonner l'assignation des témoins qui leur seront indiqués par l'accusé ou le prévenu indigent, dans le cas où la déclaration de ces témoins serait jugée utile pour la découverte de la vérité.

« Pourront être également ordonnées d'office toutes productions et vérifications de pièces.

« Les mesures ainsi prescrites seront exécutées à la requête du ministère public. »

200. La faculté d'ordonner l'assignation des témoins indiqués par l'accusé ou le prévenu ne pouvait être confiée en meilleures mains.

201.— « Art. 31. La présente loi pourra, par des règlements d'administration publique, être appliquée aux colonies et à l'Algérie.

202. Un décret impérial des 2-19 mars 1859 a déclaré cette loi applicable à l'Algérie, avec certaines modifications de détail (Bull., n° 6290; Dalloz, 4ᵉ part., p. 9, 1859).

203. Elle n'a pas encore été appliquée aux colonies.

MANUTENTION ET COMPTABILITÉ

A L'USAGE

DE L'ADMINISTRATION DE L'ENREGISTREMENT.

204. *Apppel.* — En cas d'appel interjeté par l'adversaire de l'assisté, le receveur suspendra toutes poursuites pour le recouvrement des exécutoires et se tiendra au courant des suites de l'appel.

205. Si c'est l'assisté qui est condamné et qui émet un appel principal, il sera également sursis au recouvrement de l'exécutoire délivré contre lui, si, pour suivre sur cet appel, il est admis de nouveau au bénéfice de l'assistance judiciaire (art. 9, Loi assist. jud., 22 janv. 1851 ; Inst. enreg., 31 mars 1851, n° 1879).

206. *Extrait.* — Dans les trois jours de l'admission à l'assistance judiciaire, le président du bureau, pour se conformer à l'art. 13, adressera par l'intermédiaire du procureur de la République, au président de la Cour ou du tribunal, ou au juge de paix qui doit connaître du procès, un extrait de la décision portant seulement que l'assistance est accordée. Il y joindra les pièces de l'affaire.

207. Dans le même délai de trois jours, le secrétaire du bureau est tenu d'envoyer un extrait de cette décision au receveur de l'enregistrement des actes judiciaires, placé près de la juridiction appelée à statuer sur la contestation pour laquelle le bénéfice de l'assistance judiciaire est accordé (*eodem*, art. 13).

208. *Droit en débet.* — Le receveur des actes judiciaires placé près de la juridiction qui connaît de l'affaire, est autorisé à viser pour timbre avec amende s'il y a lieu et à enregistrer en débet :

1° Les actes et titres produits par l'assisté pour justifier de ses droits et qualités ;

2° Les actes de la procédure faits à la requête de l'assisté.

Le visa pour timbre pouvant être donné sur l'original, au moment de l'enregistrement, ainsi que le porte le troisième paragraphe de l'art. 14, le receveur aura soin de comprendre, dans le visa pour timbre en débet applicable aux feuilles employées pour les copies, dont le nombre devra être déclaré par l'officier ministériel (*eodem*, art. 14).

209. *Registre de formalité.—Actes judiciaires.—*L'enregistrement et le visa pour timbre des actes et titres produits par l'assisté, ainsi que des actes judiciaires et extra-judiciaires faits à sa requête, seront tous portés sans exception sur le registre des actes judiciaires. Le receveur devra faire mention, tant sur le registre que dans la relation, de la date de la décision qui admet au bénéfice de l'assistance, et du montant, en principal et décime, des droits et amendes restés en débet.

Ces formalités, quant aux actes et titres produits par l'assisté, n'auront d'effet que pour le procès dans lequel la production a eu lieu, conformément au huitième paragraphe de l'art. 14 de la loi du 22 janv. 1851 (*eodem*. art. 14).

Un jugement rendu par défaut portant condamnation contre l'adversaire de l'assisté n'ayant pas été exécuté dans les six mois, il y a lieu à recommencer la procédure. Les droits en débet continuent jusqu'à la péremption de l'instance.

210. *Bureau.—Actes judiciaires.* — Dans les villes où il existe des bureaux distincts pour l'enregistrement des actes judiciaires et l'enregistrement des exploits ou actes extra-judiciaires, les receveurs préviendront les huissiers que les actes de leur ministère, faits à la requête de personnes admises au bénéfice de l'assistance judiciaire, et susceptibles d'être visés pour timbre et enregistrés en débet, doivent être présentés à la formalité au bureau de l'enregistrement *des actes judiciaires* (*eodem*, art. 14).

211. *Renvois.* — S'il arrivait qu'un huissier placé hors de l'arrondissement du bureau des actes judiciaires établi près de la juridiction saisie du procès, fût appelé à faire un acte de procédure à la requête de l'assisté, cet acte devrait être visé pour timbre et enregistré en débet par le receveur du bureau où cet huissier doit soumettre ses actes à la formalité, en vertu de l'art. 26 de la loi du 22 frimaire an VII, mais à la charge, par ce dernier, de justifier au receveur de la décision portant admission à l'assistance, et, par le receveur, de renvoyer à son collègue chargé de l'enregistrement des actes judiciaires près de la juridiction devant laquelle a été portée la contestation, copie du visa pour timbre et de l'enregistrement restés en débet (*eodem*, 14).

Le système des renvois est sans utilité dans la pratique ; on devrait les supprimer, comme cela a lieu à Paris.—On ne devrait consigner sur ce sommier et en une seule ligne que les avances ; quant aux droits de timbre et d'enregistrement des actes de la procédure, etc.. on attendrait pour cela la remise de l'exécutoire. En matière d'amende de condamnation de frais de justice ordinaire, on n'agit pas autrement. La manière que nous indiquons est celle qui est adoptée à Paris.

212. *Sommier d'assistance judiciaire.* — Pour assurer le recouvrement des avances faites en exécution du dernier paragraphe de l'art. 14, dans la forme tracée par le décret du 18 juin 1811, sur les frais de justice, et des droits résultant des formalités en débet, le receveur des actes judiciaires relèvera sous un article de son sommier des droits en débet, au fur et à mesure des dépenses et des enregistrements, toutes les sommes dont il peut avoir ultérieurement à poursuivre le paiement dans la même affaire.

Il consignera également sous le même article les renvois des formalités de visa pour timbre et d'enregistrements données en débet par les receveurs d'un autre canton aux actes de procédure faits à la requête de l'assisté.

L'article ouvert au sommier, pour le compte de chaque assisté, devra contenir trois colonnes (V. *le sommier d'assistance*).

213. Après le jugement de l'affaire qui a donné lieu

à l'assistance, les frais dont l'assisté a été dispensé de faire l'avance, y compris les sommes dues aux greffiers, aux officiers ministériels et aux avocats pour droits, émoluments et honoraires seront recouvrés comme il va être dit (*eodem*, art. 14).

214. Le même receveur doit également relever sur ses sommiers, pour en suivre ultérieurement le recouvrement : 1° les droits en débet tant des actes de poursuite tendant à provoquer l'opposition, à faire courir le délai de l'appel ou du pourvoi en cassation, que des actes relatifs à l'exécution des jugements de séparation de biens ; 2° les frais avancés par l'administration pour ces différents actes d'exécution, postérieurement à la délivrance des exécutoires. De leur côté, les conservateurs des hypothèques sont chargés d'opérer sur les parties le recouvrement des droits de timbre et d'hypothèque dont ils auront fait l'avance dans les cas déterminés par la décision du 29 avril 1853 (Décis. min., 29 avril 1853 ; Inst. enreg., 18 juill. 1853, n° 1971 ; Décis. min. fin. et just., des 11 oct. et 23 nov. 1855 ; Inst. enreg., 19 mars 1856, n° 2062, § 2).

215. *Virement. — Recette.* — 1° Les recouvrements des sommes dues par les adversaires des assistés ou par les assistés eux-mêmes seront opérés par le receveur du domicile des débiteurs, pour le compte des receveurs à qui auront été remis les exécutoires, ou qui auront fait des avances pour les personnes admises à l'assistance.

2° Ces receveurs feront au bureau du domicile des parties l'envoi, soit de l'exécutoire ou extrait de jugement, soit d'une copie de leur sommier, s'il s'agit de droits, amendes et frais consignés en conformité des instructions n°ˢ 1971 et 2062, § 2.

(Les avances faites et les frais, notamment ceux d'inscriptions d'hypothèque et de poursuites, continueront à rester consignés au bureau étranger au domicile des débiteurs).

3° Le receveur du domicile des redevables fera article des sommes dues au sommier des droits en débet, et, en cas de recouvrement, il en tiendra compte, par voie de virement, à ses collègues, en leur renvoyant les pièces, comme en matière de chasse et de roulage (Inst., n°ˢ 1730 et 1896).

4° Lorsque l'insolvabilité du débiteur aura été régulièrement constatée, le même receveur consignera au sommier des droits et produits constatés n° 3 les sommes formant la créance du Trésor, comprises dans les extraits de jugements ou les exécutoires, et il adressera à chacun de ses collègues qui aura fait l'envoi de ces pièces un certificat de consignation au moyen duquel les articles ouverts par ces derniers au sommier n° 3 seront admis en non-valeur à la clôture de l'exercice. S'il s'agit de sommes non comprises dans des extraits de jugements ou exécutoires, il transmettra un double du certificat d'insolvabilité pour l'annulation des articles du sommier des opérations de trésorerie ou du sommier des droits d'hypothèque en suspens.

5° Les articles consignés au bureau du domicile des débiteurs seront, sur l'ordre du directeur, reportés au sommier des surséances indéfinies, et, en cas de paiement ultérieur, les sommes recouvrées seront transmises, au moyen d'un bordereau de virement, au receveur du bureau où l'article avait été primitivement ouvert (Instr. enreg., n° 2057).

216. *Exécutoire.* — En cas de condamnation aux dépens prononcée contre l'adversaire de l'assisté, l'art. 17 porte que la taxe ou l'exécutoire comprendra tous les droits, frais de toute nature, honoraires et émoluments auxquels l'assisté aurait été tenu, s'il n'y avait pas eu assistance judiciaire.

Dans ce cas, la condamnation doit être prononcée et l'exécutoire doit être délivré, conformément à l'art. 18, au nom de l'administration de l'enregistrement et des domaines, qui en poursuivra le paiement contre l'adversaire de l'assisté, dans la forme établie pour le recouvrement des droits d'enregistrement.

217. Le même article dispose qu'il sera délivré un exécutoire séparé, au nom de l'administration, pour recouvrer de la même manière, contre l'assisté, les droits d'enregistrement et les droits et amendes de timbre, qui n'étant pas compris dans l'exécutoire délivré contre la partie adverse, restent dus par l'assisté, suivant le sixième paragraphe de l'art. 14. — Ces droits et amendes sont ceux relatifs aux actes et titres sujets à l'enregistrement dans un délai déterminé, ou aux actes et titres rédigés sur papier non timbré contrairement aux dispositions de lois sur le timbre, que l'assisté a fait viser pour timbre et enregistrer en débet, et qu'il a produits pour justifier de ses droits et qualités.

Ces prescriptions sont mal établies : il est reconnu aujourd'hui que l'adversaire de l'assisté est tenu aussi bien que l'assisté au paiement des droits d'enregistrement et amendes dont il vient d'être parlé et qu'il n'est affranchi que du paiement des frais de taxe, etc. En suivant à la lettre l'instruction de l'administration, si l'assisté était insolvable, ce qui a lieu presque toujours, le Trésor perdrait ces sortes de droits.

218. Si la condamnation aux dépens est prononcée contre l'assisté, l'exécutoire délivré contre lui, en exécution de l'art. 19, ne comprendra que les sommes dues au Trésor : 1° pour les frais de transport des juges, des officiers ministériels et des experts, les honoraires de ces derniers et les taxes des témoins, dont l'avance a pu être faite en vertu du dernier paragraphe de l'art. 14, et conformément à l'art. 118 du décret du 18 juin 1811, sur les frais de justice ; 2° pour les droits d'enregistrement et les droits et amendes de timbre dont il vient d'être parlé au paragraphe qui précède.

219. Le surplus des droits restés en débet tombera en non-valeur (*eodem,* art. 14).

220. *Récépissé des exécutoires.* —Lors de la remise faite par le greffier, dans le mois, de l'extrait du jugement de condamnation ou des exécutoires mentionnés aux art. 18 et 19, le receveur lui en donnera récépissé et en fera mention au sommier des droits en débet. Il aura soin d'en comparer immédiatement les résultats avec le compte ouvert sur ce sommier, afin de pouvoir demander la rectification des erreurs ou omissions que les exécutoires pourraient présenter.

Il importe que les extraits ou exécutoires soient datés. La date constate si la remise a été faite dans le délai voulu, et elle sert de point de départ pour la prescription.

221. *Sommier de consignation.* — Les sommes comprises dans les exécutoires, qui ont fait l'objet de consignation au sommier des droits en débet, seront portées au sommier des droits constatés n° 3, dans la colonne des frais de justice.

222. *Sommier des opérations de trésorerie.* — Celles relatives aux droits, émoluments et honoraires des greffiers, officiers ministériels et avocats seront consignées au sommier des opérations de trésorerie, dans une colonne spéciale, sous le titre *assistance judiciaire*, avec indication du nom des parties prenantes et du montant de leurs créances respectives.

223. En cas d'appel interjeté par l'adversaire de l'assisté, comme il est dit à l'art. 9, le recours suspendra toutes poursuites pour le recouvrement des exécutoires et se tiendra au courant des suites de l'appel.

224. Si c'est l'assisté qui est condamné et qui émet un appel principal, il sera également sursis au recouvrement de l'exécutoire délivré contre lui, si, pour suivre sur cet appel, il est admis de nouveau au bénéfice de l'assistance judiciaire (*eodem*, art. 20).

225. *Préférence.* — Comme le dernier paragraphe de l'art. 18 de la loi du 22 janv. 1851 porte que la créance du Trésor, pour les avances qu'il a faites, ainsi que pour tous droits de greffe, d'enregistrement et de timbre, a la préférence sur celle des autres ayants droit, le receveur portera en recette, au fur et à mesure des recouvrements, sur le registre correspondant, les sommes consignées au sommier des droits et produits constatés n° 3 (*eodem*, art. 18).

226. *Recette.* — *Opérations de trésorerie.* — Le surplus des recouvrements applicable aux sommes dues aux greffiers, aux officiers ministériels et aux avocats, pour droits, émoluments et honoraires, sera porté en recette au registre des opérations de trésorerie et distribué immédiatement aux divers ayants droit, conformément au troisième paragraphe de l'art. 18 (*eodem*, art. 18).

7.

227. *Dépense.* — *Ayant droit.* — La dépense sera constatée à sa date sur le journal, sous le même titre qu'au sommier des opérations de trésorerie ; elle sera justifiée par un extrait de l'exécutoire et de la recette, certifié par le receveur, garni du vu sans opposition de ce dernier et revêtu de l'acquit des parties prenantes. Si la somme dépasse dix francs, la quittance sera donnée sur papier timbré (art. 18, Loi 22 janv. 1851 ; Inst. enr., 31 mars 1851, n° 1879).

228. Le receveur fait sans retard aux divers ayants droit la distribution des sommes recouvrées, mais il ne doit jamais faire l'avance de ces sortes de frais (Cir. m. fin., 4 janv. 1855, n°s 558-590, § 3).

229. *Frais de transport, etc.* — Les frais de transport des juges, des officiers ministériels et des experts, les honoraires de ces derniers et les taxes des témoins, mentionnés à l'art. 14, sont avancés par le Trésor, en vertu de ce même article. Ces frais, assimilés à ceux de l'instruction des procès criminels, constituent des frais de justice criminelle, imputables sur le crédit ouvert au ministère de la justice (Cir. c. fin., 4 janv. 1855, n°s 559-590, § 3).

Cette assimilation s'arrête là. La voie de la contrainte par corps ne saurait être admise pour le recouvrement de ces frais, non plus que pour ceux de la procédure.

230. *Retrait d'assistance.* — Suivant l'art. 24, le retrait de l'assistance judiciaire a pour effet de rendre immédiatement exigibles les droits, honoraires, émoluments et avances de toute nature dont l'assisté avait été dispensé.

En conséquence, dans tous les cas où l'assistance judiciaire est retirée, le secrétaire du bureau est tenu d'en informer sur-le-champ le receveur de l'enregistrement, qui procédera au recouvrement et à la répartition, en vertu de l'exécutoire que lui remettra le greffier, suivant les règles déterminées tant par l'art. 18 de la loi du 22 janv. 1851 que par la présente instruction (Inst. enreg., 31 mars 1851, n° 1879).

231. *Prescription.* — Le temps de la prescription de l'action tendant au recouvrement des exécutoires délivrés, en cette matière, à l'administration de l'enregistrement et des domaines, en conformité des art. 18, 19 et 24, soit contre l'assisté, soit contre la partie adverse, est réduit par l'art. 25 à dix ans (art. 25 loi 22 janv. 1851 ; inst. enreg., 33 mars 1851, n° 1879).

Comme il a été dit à l'art. 186, la prescription ne court qu'à partir de la délivrance de l'exécutoire. Elle peut être interrompue par une contrainte, et dès lors une nouvelle période de dix ans recommence.

232. *Prud'hommes.* — L'art. 27 de la loi du 22 janv. 1851 n'est qu'un appendice de la loi du 7 août 1850, concernant le visa pour timbre et l'enregistrement en débet des actes de procédure et des jugements relatifs à la juridiction des prud'hommes.

Cet art. 27 porte que les dispositions de la loi du 7 août 1850 sont applicables :

1° A toutes les causes qui sont de la compétence des conseils des prud'hommes, et dont les juges de paix sont saisis dans les lieux où ces conseils ne sont pas établis ;

2° A toutes les contestations énoncées dans les n°s 3 et 4 de l'art. 5 de la loi du 25 mai 1838.

Ainsi, sans que les parties soient obligées de se faire admettre au bénéfice de l'assistance judiciaire, il y aura lieu de viser pour timbre et d'enregistrer en débet, conformément à la loi du 7 août 1850, qui a fait l'objet de l'inst. n° 1861, les actes de procédure devant la justice de paix, les jugements et les actes nécessaires à leur exécution, lorsqu'il s'agira de contestation entre les maîtres et les gens de travail, ouvriers, apprentis et domestiques, pour engagements et salaires, ou de contestations relatives au paiement des nourrices.

Ce privilége s'étendra, en vertu de l'art. 2 de la loi du 7 août 1850, aux causes de cette nature portées en appel ou devant la Cour de cassation.

La partie qui succombera sera condamnée aux dépens envers le Trésor, et le recouvrement des droits restés en débet aura lieu suivant les règles ordinaires contre les parties condamnées, conformément à l'art. 4 de la loi du 7 août 1858.

Pour tous les actes et jugements concernant la même

contestation, il ne sera ouvert sur le sommier des droits en débet qu'un seul article, sur lequel les sommes à recouvrer seront relevées au fur et à mesure des enregistrements. Le receveur des actes judiciaires placé près de la juridiction appelée à statuer sur la contestation consignera également sous le même article les renvois des formalités en débet qui pourraient avoir été données dans un autre bureau à des actes de procédure relatifs à la même affaire.

Lors des paiements, il sera fait recette effective de ces différents droits sur les registres de formalité.

233. *États à fournir par les receveurs.* — L'employé de l'administration, receveur ou conservateur des hypothèques, faisant partie des bureaux d'assistance judiciaire, présentera, le 1er janvier de chaque année, dans un état conforme au modèle n° 1 ci-annexé, les résultats de l'exécution de la loi du 22 janv. 1851, en ce qui concerne les demandes et les retraits d'assistance.

A la même époque, il sera fourni par chaque receveur de canton et autre chargé de l'enregistrement des actes judiciaires, un état (modèle n° 2) destiné à faire connaître la situation des avances faites par le Trésor, conformément aux art. 14 et suivants, ainsi que des exécutoires délivrés en exécution des art. 17 et suivants de la même loi.

Cet état sera remplacé, s'il y a lieu, par un certificat négatif.

Les renseignements contenus en une seule ligne dans ces états seront reproduits dans deux états généraux par département, que les directeurs adresseront le 1er mars de chaque année (Inst. enreg., 31 mars 1851. n° 1877 ; Circ. du direct. gén. du 27 janv. 1852).

ADMINISTRATION

DE L'ENREGISTREMENT ET DES DOMAINES.

DÉPARTEMENT

d   —

DIRECTION (ou BUREAU)

d

SITUATION au 1ᵉʳ janvier 186   , des deman

du 22 j

DÉSIGNATION de CHAQUE BUREAU d'assistance judiciaire.	NOMBRE DE DEMANDES adressées au bureau depuis le dernier état de situation, savoir :				TOTAL de ces demandes.	NOMBRE de demande restant à instrui lors du derni état de situati
	pour la justice de paix.	pour le tribunal civil.	pour le tribunal de commerce.	pour la Cour d'appel.		
1	2	3	4	5	6	7
TOTAUX.	1	7	1	1	10	1

CERTIFIÉ véritable par le   de l'administration de l'enregis

A

NOTA. — 1° Les colonnes ne doivent présenter que les demandes sur lesquelles le bur
cause d'incompétence ; — 2° on ne doit faire figurer dans la neuvième colonne que les deman
doit comprendre le nombre des demandes que le bureau d'assistance n'a pas encore instrui
4° l'ensemble des nombres inscrits dans les colonnes 9, 10, 11 et 12 doit être égal au to

TREMENT ET DES DOMAINES.

*d'assistance judiciaire faites en exécution de la loi
vier 1851.*

MODÈLE Nº 4.
—
Instr. 1879 ; Circ. 27 janv.
1852.

État à fournir par le receveur
au directeur avant le 15 février de chaque année, et par
le directeur le 1ᵉʳ mars.

TOTAL GÉNÉRAL.	NOMBRE DE DEMANDES				NOMBRE de retraits d'assistance prononcés depuis la dernière situation.	OBSERVATIONS.
	devenues sans objet depuis la dernière situation, à raison de l'accord des parties.	rejetées par le bureau depuis la dernière situation.	admises par le bureau depuis la dernière situation.	restant à suivre au 1ᵉʳ janvier.		
8	9	10	11	12	13	
14	3	4	7	3	»	

rncnt et des domaines, membre du bureau d'assistance judiciaire.

, le   486   .

d'assistance doit prendre une décision, et non celles qui sont renvoyées à un autre bureau pour
suivies d'un arrangement avant que le bureau ait pris une décision ; — 3° la douzième colonne
et qui doivent être reportées dans la septième colonne de l'état à fournir l'année suivante ; —
général de la huitième colonne (Circ. du direct. gén. du 27 janv. 1852).

DÉPARTEMENT

d

DIRECTION (ou BUREAU)

d

ADMINISTRATION DE L'ENREGIS-

ÉTAT présentant la situation au 1er janvier 186 ,
vrés, en exécution de la loi du 22 jan

Numéro du sommier d'assistance.	NOMS.	DÉSIGNATION du BUREAU d'enregistrement.	Nombre d'articles ouverts au sommier des droits en débet depuis le dernier état de situation.	Montant des avances inscrites depuis le dernier état de situation sur les anciens et nouveaux articles du sommier.	EXÉCUTOIRES délivrés au receveur depuis le dernier état de situation y compris les sommes payées sur arrangement amiable			
					contre l'assisté.		contre la partie adverse.	
					Nombre.	Sommes.	Nombre.	Sommes.
		1	2	3	4	5	6	7
36	Chauveaux.		»	228 05	»	»	1	397 81
62	Boizet.		»	1 70			1	6 82
63	Berthe.		1	478 99			1	478 99
64	Iste.		»	»				»
66	Fransquin.		»	127 33			1	170 13
74	Auffort.		»	15 30				»
72	Rousseau.		»	177 02			1	484 52
			1	728 28	»	»	5	948 27

CERTIFIÉ conforme par le { directeur / receveur } des domaines soussigné.

A   , le   janvier 1864.

PREUVE :

Il restait à recouvrer à la fin de 1862 (colonne 14 de l'état précédent). . . . 158 37

A ajouter. . . . . { colonne 5. . . . . . . »   / colonne 7. . . . . . . 948 27 } 948 27

        Total. 1106 64

A déduire. . . . . { colonne 8. . . . . . . » / colonne 9. . . . . . . 574 76 / colonne 11. . . . . . » / colonne 12. . . . . . 178 37 } 753 13

Reste (total égal à la colonne 14). 353 51

MODÈLE N° 2.

Instr. 1879; Circ. 27 janv. 1852.

État à fournir par le receveur au directeur avant le 15 février de chaque année, et par le directeur le 1er mars.

REMENT ET DES DOMAINES.

es avances faites par le *Trésor et des exécutoires déli-* *er 1851 sur l'assistance judiciaire.*

TOTAL		Portion de sommes recouvrées distribuées aux greffiers, officiers publics et ministériels depuis la dernière situation.	MONTANT		MONTANT		OBSERVATIONS.
des sommes recouvrées depuis le dernier état de situation en vertu d'exécutoire remis au receveur antérieurement ou postérieurement à cette époque			des sommes comprises dans les exécutoires anciens ou nouveaux tombés en non-valeur, depuis le dernier état de situation, par suite de l'insolvabilité constatée		des exécutoires anciens ou nouveaux restant à recouvrer		
sur l'assisté.	sur la partie adverse.		de l'assisté.	de la partie adverse.	sur l'assisté.	sur la partie adverse	
8	9	10	11	12	13	14	
»	484 88	397 84	»	»	»	»	
	6 82	4 47		»		»	
						478 99	
	»	»		478 37			Surséances.
	170 43	90 43		»		»	
	»	»		»		»	Attend l'exécutoire.
						484 52	
»	574 76	279 78	»	478 37	»	353 54	

NOTA. — 1° Il n'existe aucune corrélation entre les colonnes 2, 3 et les suivantes;

2° La troisième colonne doit présenter le montant des droits en débet et des avances consi-
iées, tant sous les articles ouverts pendant l'année dont il est rendu compte, que sous les
rticles ouverts antérieurement et non encore apurés;

3° Quand l'assisté ou la partie adverse paie, après un arrangement amiable, les sommes
ortées au sommier des droits en débet, ces sommes doivent figurer non-seulement dans les
olonnes 8 ou 9, mais aussi dans les colonnes 4 et 5, ou 6 et 7, comme s'il en avait été délivré
xécutoire;

4° Les exécutoires délivrés contre l'assisté ne doivent comprendre, conformément à l'article
9, que les sommes mentionnées aux cinquième et huitième paragraphes de l'article 14 de la
oi du 22 janvier 1851.

(Circ. du direct. gén. du 27 janv. 1852).

MODÈLE DE QUITTANCE PAR LES AYANTS DROIT.

DÉPARTEMENT *Direction générale de l'enregistrement et des domaines.*

DES ARDENNES.

—

Bureau
de Rethel.

Des extraits et exécutoires délivrés par le greffier du tribunal civil de Rethel et de celui de la justice de paix du canton de cette ville, les 24 août et 25 septembre 1862,

Il appert : 1° que la compagnie du chemin de fer des Ardennes, dont le siége est à Paris, rue de Provence, n° 68, a été, par jugement desdits tribunaux, en date des 31 août 1861 et 19 février 1862, condamnée aux frais de l'instance en paiement de salaires, formée contre elle par le sieur Louis Cornevin, maçon à Rethel, assisté judiciaire, suivant délibération du bureau de Rethel, en date du 14 juin 1861. — 2° Et qu'il est dû aux ci-après nommés pour avoir instrumenté dans cette affaire, savoir :

1° A M. Lambert, avoué à Rethel.	34 80
2° A M. Alleau, huissier à Rethel	4 35
3° A M. Jeanson, huissier à Reims.	7 30
4° A M. Porchet, huissier à Paris.	5 00
5° A M. Baudet, greffier du tribunal civil de Rethel.	7 45
6° Et à M. Douce, greffier de paix à Rethel. . . .	12 20
Total soixante-onze francs dix centimes. . . .	71 10

La part de frais dus à l'État, montant à   , ayant déjà été acquittée par ladite compagnie.

Pièces à écrire sur papier timbré toutes les fois qu'un ou plusieurs des acquits dépassent dix francs.

Extrait du registre de recette des opérations de trésorerie, vol.   n°

Du 15 mai 1864.

Reçu par virement de la compagnie du chemin de fer des Ardennes, dont le siége est à Paris, rue de Provence, n° 68, la somme de soixante-onze francs dix centimes revenant aux officiers ministériels qui ont instrumenté dans l'affaire en paiement de salaires formée contre ladite compagnie, par le sieur Louis Cornevin, maçon à Rethel, avec le bénéfice de l'assistance judiciaire, suivant délibération du bureau de Rethel du 14 juin 1861, et à laquelle somme ladite compagnie du chemin de fer a été condamnée par jugements des tribunaux civil et de paix de Rethel, en date des 31 août 1861 et 19 février 1862.

CERTIFIÉ véritable par le receveur soussigné,

MOLIEN.

Vu sans opposition :

Le Receveur,

MOLIEN.

Pour acquit,	Pour acquit,	Pour acquit,	Pour acquit,
Paris, le	Reims, le	Rethel, le	Rethel, le
PORCHET.	JEANSON.	LAMBERT.	ALLEAU.

Pour acquit,	Pour acquit,
Rethel, le	Rethel, le
BAUDET.	DOUCE.

MODÈLE DE MÉMOIRE DE FRAIS.

<table>
<tr><td>

Mémoire exempt du timbre quand la somme ne dépasse pas 10 francs.

Art. 146 du décret du 18 juin 1811 sur les frais de justice criminelle.

</td><td>

MÉMOIRE des frais de transport dus au sieur Bernard, huissier à Bourg, et relatif à l'instance en séparation de corps intentée par Rose Simon, épouse de Jacques Coste, domiciliée à Ceyzeriat-près-Bourg, assistée judiciaire par décision du 1er mai 1863 du bureau de Bourg, conformément à la loi du 22 janvier 1851.

</td></tr>
</table>

Signification de jugement du tribunal civil de Bourg du 1er octobre 1863, à la requête de la dame Coste contre son mari.

Transport à Ceyzeriat, aller et retour, deux myriamètres à 1 fr. 50. . . . .   3 00

CERTIFIÉ le présent mémoire montant à trois francs.

Bourg, le

Signé : BERNARD.

Réquisitoire.

Nous, procureur impérial près le tribunal civil de Bourg, vu les art. 94 et 118 du règlement du 18 juin 1811 relatif à l'indemnité de transport des huissiers en matière criminelle et au paiement de cette indemnité, et à l'art. 14 de la loi du 22 janvier 1851 sur l'assistance judiciaire, requérons, conformément à l'art. 140 dudit règlement, qu'il soit délivré exécutoire par M. le président du tribunal civil de Bourg sur la caisse de l'administration de l'enregistrement et des domaines pour le paiement de la somme de trois francs.

Bourg, le

Exécutoire.

Nous, président du tribunal civil de Bourg, vu le réquisitoire et le mémoire ci-dessus, avons arrêté et rendu exécutoire le mémoire pour la somme de trois frans, montant de la taxe que nous en avons faite, et ordonnons que cette somme sera payée au sieur Bernard par le receveur de l'enregistrement au bureau de Bourg.

Bourg, le

VU sans opposition :   Pour acquit,
  Le Receveur,   BERNARD.

Ce mémoire est payé par le receveur de Bourg, qui en fait dépense sous le titre de : *Frais de justice criminelle. — Frais ordinaires.*

Si la signification du jugement avait été faite par un huissier de Lyon à un témoin habitant une localité voisine, dans ce cas le receveur de Lyon acquitterait le mémoire pour le compte de son collègue de Bourg. Celui-ci, à la réception du bordereau de virement, fera recette de l'article au registre des opérations de trésorerie.

Plus tard, le receveur de Lyon auquel le mémoire est retourné dresse un nouveau bordereau de virement de cette même somme de 3 francs qu'il a déjà payée pour le compte de son collègue de Bourg, auquel bordereau demeure annexé ledit mémoire.

A la nouvelle réception de ces pièces, le receveur de Bourg fait une seconde fois recette de l'article au registre des opérations de trésorerie et emploie en dépense le mémoire, sous le titre d'*avances à charge de recouvrement ou de régularisation.*

TABLE DES MATIÈRES.